Die weiblichen Juwele

Selbstheilung für Genießerinnen

Das vorliegende Buch ist sorgfältig erarbeitet worden. Dennoch erfolgen
alle Angaben ohne Gewähr. Weder Autoren noch Verlag können für eventuelle
Nachteile oder Schäden, die aus den im Buch gemachten praktischen Hinweisen
resultieren, eine Haftung übernehmen.

Der Integral Verlag ist ein Unternehmen der Econ Ullstein List Verlag
GmbH & Co. KG, München

ISBN 3-7787-9063-3

Konzept: Stefan Hänni S./Maitreyi Piontek
Umschlaggestaltung: Stefan Hänni, Art & Concept, Zürich
Fotos: Sandan Keller, Zürich
Bildbearbeitung: Stefan Hänni
Druck und Bindung: Clausen & Bosse, Leck

Maitreyi D. Piontek

Die weiblichen Juwele

Selbstheilung für Genießerinnen

Integral

Inhalt

Die Schatztruhe

ABC der Weiblichkeitskiller

Die meditative Genießerin

Die weiblichen Juwele widme ich
meiner Mutter

Margret Piontek–Nauer

zum 70. Geburtstag

in Dankbarkeit, eine Mutter wie
Dich zu haben

Liebe Leserin ...

die umwälzenden Erkenntnisse und tiefgreifenden Veränderungen, die ich in den letzten Jahren sowohl in meiner persönlichen Entwicklung als auch in der Frauenarbeit erfuhr, haben mich dazu bewegt, die weiblichen Juwele in Form dieses Buches weiterzugeben. Immer mehr Frauen soll es möglich werden, Kraft aus ihren weiblichen Wurzeln zu schöpfen, um neue Dimensionen des Frauseins zu erschließen. Daher ist es mein Anliegen, Frauen mit allen mir zur Verfügung stehenden Mitteln für das Weibliche zu sensibilisieren. Um Dich nicht zu verwirren: Wenn ich vom Weiblichen spreche, meine ich damit immer das Potential der Frau. Als Ziel der Frauenarbeit erachte ich es, Frauen darin zu unterstützen, kraftvoll, unabhängig und weiblich zu sein – und dies auf dem direktesten und natürlichsten Weg.

All jenen Frauen, die mit meiner Arbeit noch nicht vertraut sind, möchte ich mich kurz vorstellen. Seit 1974 arbeite ich mit Menschen – als Krankenschwester, Sexologin, Körpertherapeutin und Meditationslehrerin – und dies seit vielen Jahren überwiegend mit Frauen. Ich beschäftige mich nicht deshalb intensiv mit Frauenthemen, weil ich Männer nicht mag, sondern weil ich der Ansicht bin, daß wir Frauen es uns nicht länger leisten dürfen, die Entwicklung des Weiblichen aus Angst vor dem Unbekannten und Neuen zu vernachlässigen und zu unterdrücken.

Solange frau nicht in der Lage ist, sich selbst zu schätzen und zu genießen, kann sie auch den Kindern, die sie in sich trägt und denen sie das Leben schenkt, keine Chance für ein besseres Leben geben. In der Gebärmutter wird jedes Wesen vom ersten Augenblick an durch die zahlreichen unbewußten Informationen, Erfahrungen und Gefühle, die dort gespeichert sind, geprägt und geformt. Die meisten Frauen sind nicht in Kontakt mit ihrer Gebärmutter und fühlen deshalb auch nicht, wieviel Negativität und Schmerz sich dort angesammelt hat. Bezeichnend für den desolaten Zustand, in dem sich die Weiblichkeit befindet, ist auch die Tatsache, daß jeder dritten Frau die Gebärmutter operativ entfernt wird. Frausein ist eine enorme Verantwortung, der bisher viel zuwenig Beachtung und Bewußtsein eingeräumt wurde.

Es tut mir immer wieder weh im Herzen, wenn ich sehe, wie Frauen in den Bereichen Therapie, Gesundheit und Sexualität ausgenutzt und für dumm verkauft werden. Frauen werden Methoden und Lebenshilfen angepriesen, die überwiegend auf das männliche Prinzip ausgerichtet sind und Frauen deshalb niemals darin unterstützen können, ihr weibliches Potential zu entfalten. Der ganze Bereich der Frauenarbeit baut meiner Ansicht nach auf zu vielen Mißverständnissen, falschen Ideen und Konzepten auf, die Frauen davon abhalten, in Kontakt mit ihrer weiblichen Stärke zu kommen. Außerdem nimmt Frauenarbeit auch immer öfter einen Unterhaltungscharakter an und wird häufig als Alibi-übung oder aus Langeweile betrieben. So lullen sich Frauen gern gemeinsam in unbewußten Weiblichkeitsgefühlen ein, vertrödeln gemeinsam ihre kostbare Zeit in oberflächlicher Belanglosigkeit oder diskutieren interessiert und kritisch an der Essenz der Weiblichkeit vorbei.

Viele der therapeutischen Methoden in den Bereichen Gesundheit, Sexualität und Spiritualität dienen nicht in erster Linie dazu, Frauen in

Kontakt mit ihrer weiblichen Stärke zu bringen, sondern – im Gegenteil – diese unter Kontrolle zu halten. Das geschieht nicht unbedingt aus schlechter Absicht, sondern vielmehr aus Unwissenheit und unbewußten, zum Teil panischen Ängsten vor dem Weiblichen – bei Männern wie bei den Frauen selbst.

Die Essenz der Frauenarbeit ist die Rehabilitierung der Gebärmutter, und sie darf nicht eher beendet sein, bis diese ihre sinnliche Lebendigkeit wiedergefunden hat. Die weiblichen Juwele sind lustvolle Selbstheilungs- und Meditationshilfen, die Dich auf Deiner weiblichen Entdeckungsreise begleiten und unterstützen.

Auch die längste Reise beginnt mit dem ersten Schritt.

Weibliche Juwele

Die weiblichen Juwele beinhalten die Essenz der Frauenarbeit und bringen Frauen in Kontakt mit ihren weiblichen Wurzeln. Es sind meine persönlichen Favoriten und Schätze: bewährte Übungen, Tricks und Tips, die mich und viele andere Frauen seit Jahren begleiten und unterstützen, den Alltag lustvoller, kraftvoller und einfach weiblicher zu leben. Als moderne Frau ist es für mich immer wieder eine große Herausforderung, meine Lebensaufgabe und weibliche Verantwortung auch in unbequemen und schwierigen Situationen wahrzunehmen, ohne dabei mich und meine weibliche Perspektive aufzugeben.

Die weiblichen Juwele sind Kostbarkeiten, die ich teilweise schon seit über zwanzig Jahren kenne und in ihrer wohltuenden und heilsamen Wirkung immer wieder schätze und genieße. Zum Teil sind es traditionelle spirituelle Körperübungen aus dem Orient, die ich so abgewandelt und ergänzt habe, daß sie den Bedürfnissen der modernen westlichen Frau entsprechen. Andere Juwele haben sich durch mein jahrelanges Experimentieren mit mir selbst und in meiner über zwanzigjährigen therapeutischen Arbeit mit Frauen entwickelt und bewährt. Besondere Aufmerksamkeit und Liebe werden den Brüsten, den Drüsen und der Gebärmutter geschenkt, den Urquellen der Weiblichkeit.

Ich werde nun meine mir so wertvolle Schatztruhe öffnen, in der Hoffnung, daß auch der Schlüssel zu Deinem persönlichen Schatz darin verborgen liegt. Ich wünsche Dir viel Spaß beim Experimentieren.

Frauen

Gestern

Die Frau auf dem Bild ist meine Urgroßmutter. Du hast bestimmt ähnliche Bilder in Deiner Ahnengalerie. Dieses Bild habe ich bei mir aufgehängt, um in Kontakt mit meinen familiären Wurzeln zu bleiben. Meine Urgroßmutter, Sophie Nauer, hat einmal die Woche gebadet, benutzte Monatsbinden aus Stoff, trug knöchellange Röcke und Unterröcke und brachte vier Kinder zur Welt. Sie war eine sehr strenge und pflichtbewußte Frau, hatte einen herrschaftlich gepflegten Haushalt und wunderschöne Rosenbäumchen im Garten. Sie wurde 96 Jahre alt.

Leider habe ich über ihr Liebesleben keine Angaben. So werde ich nie erfahren, wie sie ihre Weiblichkeit erlebt und gelebt hat. Hat sie vor Lust und Wonne gestöhnt, oder ihren Ehemann jemals oral verwöhnt, war sie orgastisch oder hat sie sich gar selbst befriedigt?

Hätte sie all dies tatsächlich in vollen Zügen getan und genossen, wäre sie in ihrer Umgebung sicherlich aus der Reihe getanzt, denn zu dieser Zeit wurden jungen Frauen folgende Empfehlungen mit in die Ehe gegeben.

Auf der übernächsten Seite findest Du einen Auszug aus dem Buch »Praktische Regeln für die Ehe« von Dr. med. Anna Fischer-Dückelmann, Süddeutsches Verlags-Institut, Stuttgart 1907.

Meine Urgroßmutter Sophie Nauer

Es schäme sich keine Frau ihrer natürlichen Gefühle, wohl aber hüte sie sich, ihre Selbstbeherrschung zu verlieren, ihre Würde zu opfern und alle Zurückhaltung aufzugeben, damit eine gewisse Herrschaft über ihren Mann nie eingebüßt wird.

Heute

Eine Frau zu sein ist heute anspruchsvoll und verwirrend zugleich. Aufbruchstimmung, Neuorientierung und Wandel sind angesagt. Die Lebensumstände für uns Frauen haben sich seit Urgroßmutters Zeiten drastisch verändert, zumindest in der westlichen Welt. Die traditionelle Rolle der Frau ist überholt, das Neue jedoch noch nicht reif genug, um voll lebensfähig zu sein. Noch sitzt uns das Alte im Nacken und tief in den Knochen. Dort lauert es uns auf, um uns in schwachen Stunden immer wieder zu überrollen und in den sicheren und altbekannten emotionalen Sumpf zu ziehen.

Viele Frauen sind sich der einzigartigen Situation, in der wir uns heute befinden, nicht genügend bewußt. Endlich haben wir die lang ersehnte Freiheit und somit die Gelegenheit, Altes loszulassen und unser Leben nach unseren eigenen Überzeugungen frei zu gestalten. Diese neue Situation erfordert viel Aufmerksamkeit, Kraft und Mut.
Die Unterdrückung und sexuelle Ausbeutung, der Frauen in den letzten Jahrtausenden ausgesetzt waren und die ein Großteil der weiblichen Bevölkerung auf dieser Erde noch heute erleben muß, lassen sich nicht einfach von heute auf morgen von einer Einzelperson auslöschen. Die Erinnerung bleibt, deshalb sind Frauen in ihrem Innersten bis heute zutiefst eingeschüchtert. Die tiefsitzende, lähmende Angst bewegt sie immer wieder dazu, sich den gegebenen Umständen anzupassen, um zu gefallen und akzeptiert zu werden. Das hemmt und schwächt die weibliche Kraft. Die weiblichen Juwele werden Dich dabei unterstützen, diesen neuen ungewohnten Weg zu gehen und Deine verletzte Weiblichkeit zu befreien und zu heilen.

Tais Michelle

Ich möchte Dir nun Tais Michelle vorstellen, eine bemerkenswerte junge Frau, der Du auf den Fotos in diesem Buch immer wieder begegnen wirst. Tais ist ausgebildete Krankenschwester und Tänzerin. Im Alter von 21 Jahren besuchte sie erstmals eines meiner Seminare. Sie war besonders von der chinesischen Ernährungslehre angetan und setzte meine Empfehlungen, keine Rohkost, sondern nur gekochte Speisen zu essen, prompt und konsequent im Alltag um. Jeden Morgen, auch bei der Arbeit in der gynäkologischen Abteilung im Krankenhaus, kochte sich Tais nun eine warme Mahlzeit, und zwar einen Schokoladenpudding, ihr Lieblingsgericht!

Seit Tais' »Puddingkur« sind nun schon sieben Jahre vergangen, und ich habe schon viele ihrer zum Teil äußerst originellen Experimente auf dem Weg ihrer Selbstheilung miterlebt.

Tais wurde vom Leben nicht geschont, mit ihren 28 Jahren hat sie schon viel durchgemacht. Sie ist für mich das lebendige Beispiel dafür, daß Frauen die Wahl haben, entweder in der Opferrolle steckenzubleiben, oder die Gelegenheit wahrzunehmen, aus dieser gewohnten Rolle auszubrechen, um ihre Einzigartigkeit zu entdecken und zu leben. Michelle ist eine mutige, intelligente und lustvolle Frau, die ihren eigenen Weg geht.

Unbeschreiblich weiblich

Wenn es um Weiblichkeit und Sexualität geht, orientieren sich viele Frauen irrtümlicherweise an Wunschbildern, Bestätigung und Beziehungen. Aber Weiblichkeit hat nichts mit alledem zu tun. Weiblichkeit ist weder eine Vorstellung noch eine Idee, weder eine Tätigkeit noch eine Leistung, die vollbracht werden muß, sondern ganz einfach ein Zustand und ein tolles Lebensgefühl. Worte reichen niemals aus, das Weibliche zu beschreiben, denn es liegt in der Tiefe verborgen, direkt am Puls des Lebens, wo weder Worte noch Gedanken jemals einen Zugang haben.

Echte Weiblichkeit ist unbeschreiblich und kann »nur« erfahren und gelebt werden. Deshalb löst sie so viel Angst aus und wird mit allen Mitteln und von allen Seiten her bekämpft. Die Hexenverbrennungen in den letzten Jahrhunderten legen lebendiges Zeugnis ab. Und tief im Kern wird diese Hetzjagd auf die Weiblichkeit bis heute weitergeführt, das erlebe ich hautnah in meiner Arbeit. Eigentlich hatte ich vor, dieses Buch im selben Verlag zu publizieren wie mein zweites Buch, *Das Tao der weiblichen Sexualität.* In der Zwischenzeit hat dieser Verlag jedoch mit einer Verlagsgruppe fusioniert, die der katholischen Kirche gehört. Deshalb dürfe der Verlag nun, wie mir eine Verlagsmitarbeiterin mitteilte, keine ketzerischen Bücher mehr – wie meine – unterstützen oder neu herausgeben. Und das im Jahr 2000!

Wir stehen erst ganz am Anfang – und es liegt an uns, die verstümmelte und eingeschüchterte Weiblichkeit zu heilen und zu rehabilitieren.

Wasser oder Feuer

Um das Weibliche zu ergründen, kommen wir nicht darum herum, auch das Männliche zu erkennen und zu verstehen. Das Prinzip von Yin und Yang entspringt der asiatischen Kultur und repräsentiert das ewige Wechselspiel von weiblich und männlich. Auch für uns im Westen lebenden Menschen kann diese altbewährte Weisheit ein kostbares Hilfsmittel sein, die spannungsgeladene Gegensätzlichkeit, die zwischen dem Männlichen und dem Weiblichen besteht, besser zu begreifen. Das weibliche Prinzip, auch Yin genannt, wird durch die Qualitäten des Wassers symbolisiert. Das Feuer repräsentiert das männliche Prinzip Yang.

Wasser ist flüssig und fließt. Es fließt unentwegt nach unten und sucht den tiefsten Punkt, um dort zu ruhen. Feuer hingegen lodert und flackert, es dehnt sich aus, strebt immerzu noch oben und sucht den höchsten Punkt. Weder brennt Feuer nach unten oder innen, noch fließt Wasser jemals aufwärts. Es wäre absurd zu behaupten, eines der beiden Elemente sei stärker oder besser als das andere, Wasser und Feuer sind einfach unterschiedlich. Merkwürdigerweise gilt trotzdem das Männliche als das starke und das weibliche als das schwache Geschlecht. Beide können jedoch gleichermaßen Macht aufeinander ausüben: Feuer hat die Macht, das Wasser zu erhitzen, bis es verdampft; Wasser hat die Kraft, das Feuer zu löschen.

Entsprechungen

Yin	Yang
weibliches Prinzip	männliches Prinzip
Wasser	Feuer
Tiefpunkt	Höhepunkt
innen	außen
Gefühle	Verstand
natürlich	technisch
Hingabe	Kontrolle
sein	tun
aufnehmend	erzeugend
liebend	kämpfend
Entspannung	Spannung
heilend	geil
Ruhe	Bewegung
langsam	schnell
Leere	Fülle
Intuition	Logik
religiös	politisch
Stille	Bewegung
außen schwach/ innen stark	außen stark/ innen schwach

Die Entdeckungsreise

Frauen tragen ein enormes Potential in sich, das nur darauf wartet, entdeckt zu werden. Die weiblichen Schätze schlummern jedoch tief im Innern jeder Frau und müssen erst entdeckt und ausgegraben werden. Das Weibliche zu befreien und zu entwickeln ist eine Entdeckungsreise für experimentierfreudige Genießerinnen.

Die männliche Entwicklung ist gleich dem Feuer: intensiv, explosiv und schnell. Die weibliche Entwicklung hingegen ist eher unspektakulär, unscheinbar und sehr langsam, wie das Wasser, aber durch ihre Beständigkeit hinterläßt sie mit der Zeit Spuren, selbst im härtesten Stein. Das Weibliche entfaltet sich weder in Eile noch durch Disziplin und Aktivität. Schuldbeladene Gedanken wie »ich sollte« oder »ich muß« sind die größten Hindernisse auf dem weiblichen Weg.

Obwohl sich Frauen sehr gut in der männlich orientierten Welt bewegen können, wo sie leistungsbetont und aktiv sind, liegen ihre nährenden Wurzeln in den Abgründen des Weiblichen. Vergiß nicht: Das weibliche Potential entfaltet sich niemals aus einem männlich orientierten und oberflächlichen Lebensstil. Die weibliche Kraftquelle befindet sich in der grenzenlosen Tiefe des Weiblichen und offenbart sich in der unendlichen Stille und Leere des Augenblickes im Innern der Frau.

Verletzte Frauen

Alle Frauen, die ich bisher getroffen habe, sind in ihrer Weiblichkeit mehr oder weniger verunsichert und verletzt. Daher bedeutet die Entwicklung und Heilung des Weiblichen für mich als Therapeutin oft unermüdliche Knochenarbeit. Weil das Weibliche tief im Innern sitzt, liegen auch die Verletzungen dementsprechend tief im Unbewußten verborgen. Alles, was sich in den unbewußten Bereichen unseres Wesens abspielt, ist unberechenbar, unklar – eben nicht bewußt. Diese tiefen Verletzungen sind meist eingepackt in panische Ängste, lähmende Ohnmacht und zermürbendes Mißtrauen.

Frauen sind wie getrieben in ihrem ständigen Versuch, diesem tiefen Schmerz der weiblichen Tragödie zu entrinnen, jedoch meist nur mit mittelmäßigem Erfolg. Sie praktizieren zum Teil enorm komplizierte Ausweichmanöver und Ablenkungsstrategien, um nicht in Kontakt mit den Schattenseiten ihres Wesens zu kommen. Damit verhindern sie, daß sie ihre weiblichen Kräfte entfalten. Ein wesentlicher Bestandteil des weiblichen Weges ist es jedoch, sich mit den eigenen Schattenseiten anzufreunden, um sie zu erhellen.

Aufgrund der globalen weiblichen Verletzung haben viele Frauen ihre Weiblichkeit aufgegeben und ihr Leben dem männlichen Prinzip unterworfen. Sie leben an der Oberfläche und lassen alles vom Verstand kontrollieren. Ihr Leben ist »überfüllt« mit tausend Aktivitäten und sozialen Kontakten, auf der ständigen Suche nach Liebe und Bestätigung im Außen.

Frauen bekämpfen das Weibliche

Wenn Frauen das Weibliche in sich selbst und um sich herum nicht schätzen und schützen, wer tut es dann? Es sind nicht die Männer, die in erster Linie das Weibliche bekämpfen und schwächen, sondern wir Frauen sind uns selbst die schlimmsten Feindinnen.

Frauen bekämpfen das Weibliche, indem sie

- ♥ überwiegend nach dem männlichen Prinzip funktionieren, das heißt, sie sind nach außen und leistungsorientiert, und ihr Leben ist überfüllt mit Aktivitäten, voller Spannungen und sozialer Kontakte.

- ♥ gut sein wollen, ohne sich dabei gut zu fühlen.

- ♥ ihre Gefühle vermeiden und unterdrücken und sich den Maßgaben ihres Verstandes unterwerfen.

- ♥ ihre Weiblichkeit nicht fühlen, sondern analysieren und besprechen.

- ♥ den Kontakt zu ihrer inneren Stärke verhindern.

- ♥ sich an fremden Wahrheiten und angelesenem Wissen orientieren, statt an ihren eigenen Erfahrungen.

- ♥ oberflächlich und nach außen orientiert leben.

- ♥ ihre Verletzungen und Wunden nicht heilen, sondern auf ihre Umwelt projizieren.

- ♥ sich den Spaß am Weiblichen verbieten.

Der Bereich der Frauenarbeit und der Therapie wird leider noch über-wiegend von verletzten Frauen bestimmt, die nicht bewußt im Weiblichen verwurzelt und daher auch nicht wirklich in der Lage sind, andere Frauen auf dem weiblichen Weg der Selbstheilung zu unterstüt-zen. Es gibt viele Therapeutinnen, Journalistinnen, Psychologinnen usw., die Hilfe suchenden Frauen nicht die Qualität des Weiblichen weiterge-ben, sondern sie vielmehr mit ihren eigenen ungelebten Phantasien und Sehnsüchten verwirren und blockieren. Sei also auf der Hut, denn es sind meist sehr nette, tolle und auch verständnisvolle Frauen mit einem großen angelesenen Wissen und beeindruckenden Techniken, die sich für das Weibliche stark machen.

Vom Traum zur Wirklichkeit

Das Leben einer Therapeutin ist bedeutend einfacher, wenn sie mit anderen Frauen auf der einseitigen und kontrollierbaren Verstandes- und Vorstellungsebene kreist, schöne Phantasiereisen und beeindruk-kende Techniken verkauft und Frauen so die Hoffnung auf ein besseres Leben vorgaukelt. Die Kunst der Frauenarbeit besteht jedoch darin, andere Frauen dazu zu bewegen, ihre kuschelige Traumwolke zu verlas-sen, um nach innen und in die Tiefe zu gehen – um der weiblichen Wirklichkeit zu begegnen. Und das kann eine sehr anstrengende und undankbare Aufgabe sein, denn die heile Welt der schönen Luftschlösser und unermüdlichen Hoffnungen auf bessere Zeiten ist meist Teil einer verzweifelten Überlebensstrategie, ein Versuch, vor schmerzhaften oder unverarbeiteten Gefühlen zu flüchten.

Weiblichkeit und Sexualität gedeihen nicht in der Welt des Scheins, sondern sie benötigen den Nährboden der Realität. Wenn Illusionen und Träume zerplatzen, tut es im ersten Moment immer weh, aber Wachstumsschmerzen sind normal und gehören zu jeder Entwicklung, das kann leider nicht vermieden werden – wie auch ein Kind normalerweise nicht ohne die Geburtswehen der Mutter das Licht der Welt erblickt.

Du mußt selbst entscheiden, was Du willst. Ich kann es nur noch einmal wiederholen: Weibliche Qualitäten entwickeln sich auf dem Boden der Wirklichkeit, und die ist direkt, ehrlich, spontan und entspricht selten dem, was wir uns vom Leben erhoffen oder wie wir es uns vorstellen. So ist die Kunst der Selbstheilung nicht immer der bequemste, jedoch der direkteste Weg, Deine Kraftquellen selbst zu erschließen – damit Dir bei Deiner Entwicklung niemand und nichts den Weg versperren kann.

Neuland

Es ist hart, das Alte fallenzulassen. Aber es muß fallengelassen werden, denn nur dann ist das Neue möglich. Es ist hart, das Neue zu akzeptieren, denn es ist neu, und wir sind noch nicht damit vertraut. Es ist etwas Fremdes, und tief im Innern sind wir besorgt und ängstlich. Aber man muß lernen, das Neue zu lieben, sonst ist kein Wachstum möglich.

Wachstum bedeutet einfach den Mut, das Alte fallenzulassen und den Mut, das Neue zu lieben. Und das muß nicht nur einmal getan werden, es muß jeden Moment von neuem getan werden, denn jeden Moment wird etwas alt und etwas Neues klopft an die Tür.

Immer wenn das geschieht, dann höre auf das Neue und stelle Dich dem Alten gegenüber vollkommen taub. Das Alte wird zur Fessel, das Neue bringt Freiheit. Wahrheit ist immer neu, so frisch wie der Tautropfen in der frühen Morgensonne.

Osho

Selbstheilung
für
Genießerinnen

Der weibliche Weg

Die große Herausforderung für uns Frauen ist es, uns aus unserer Jahrtausende währenden Abhängigkeit und Opferrolle zu befreien. Der Weg der Selbstheilung ist der wirkungsvollste Weg dorthin. Für Frauen ist es wichtig, den Rhythmus und das Tempo ihrer Heilung und Entwicklung selbst bestimmen zu können. Solange der weibliche Weg von anderen Personen abhängig gemacht oder mitgestaltet wird, ist er noch nicht weiblich genug, und wir sind noch nicht in Kontakt mit unserer weiblichen Kraft.

Weibliche Selbstheilung hat viel damit zu tun, eine liebevolle und vertrauensvolle Beziehung zu sich selbst aufzubauen. Erst wenn frau ein inniges Gefühl für sich entwickelt hat, kann sie auch entscheiden, was ihr guttut und was nicht – und ist somit in der Lage, dementsprechend zu handeln.

Der Weg der Selbstheilung ist der Weg ins Innere, und dieser Weg findet nur im Innern statt.

Weiblich sein

- ❤ Weiblich sein ist keine Aktivität, sondern ein Zustand.

- ❤ Weiblichkeit kann nicht »gemacht«, sondern nur zugelassen und genossen werden.

- ❤ Das Weibliche ist unkontrollierbar und unberechenbar. Es gedeiht in der Hingabe und entfaltet sich im unendlichen Fluß der Freiheit.

- ❤ Je mehr Du tust und machst, desto mehr lebst Du an der weiblichen Essenz vorbei.

- ❤ Weiblich sein bedeutet, die innere Stärke zu haben, nach außen hin offen zu sein.

- ❤ Weiblich sein heißt, den Mut zu haben, sich vom Leben berühren und verführen zu lassen.

- ❤ Weiblich sein bedeutet, Gefühle zu fühlen, zu leben und zu lieben.

- ❤ Weiblich sein heißt, zu akzeptieren, daß das Leben unlogisch ist, und es in seiner Widersprüchlichkeit anzunehmen und zu leben.

- ❤ Weiblich sein macht Spaß und ermöglicht es uns Frauen, das Leben in vollen Zügen zu genießen.

- ❤ Weiblichkeit bedeutet Unabhängigkeit und Freiheit.

Spaß bringt Heilung

Spaß haben und unseren weiblichen Körper genießen, das sind die wichtigsten Zutaten zur weiblichen Selbstheilung. Frauen haben genug gelitten, das Drama ist vorbei! Die tief eingekerbten Wunden wollen nun endlich erlöst und in Lebensfreude verwandelt werden. Dazu braucht es weder jahrelange Gespräche noch Therapien, weder harte Disziplin noch komplizierte Techniken. Machen wir das Leben nicht noch unnötig komplizierter. Das Weibliche heilt am besten in Natürlichkeit und Einfachheit. Alles, was kompliziert und schwierig ist, entspricht nicht der weiblichen Essenz.

Höre auf, über das Weibliche nachzudenken und zu diskutieren, denn die weiblichen Wunden heilen nicht in Gesprächen oder Diskussionen, auch wenn sie noch so tiefsinnig sein mögen, ebensowenig in Form von stundenlangen Telefonaten. Das Weibliche kann auch nicht angelesen oder irgendwo abgeschaut oder kopiert werden.

Selbstheilung für Genießerinnen bedeutet vielmehr

- ♥ Lust, sich selbst kennenzulernen, Spaß haben an der Selbstheilung.

- ♥ sich in sich selbst wohl zu fühlen, unabhängig davon, was um einen herum geschieht.

- ♥ die weiblichen Heilquellen im Inneren zu erschließen.

- ♥ neue Dimensionen der Weiblichkeit zu entdecken.

- ♥ den Sinn für das Wesentliche zu entwickeln.

Der Sinn fürs Wesentliche

Geht es um Weiblichkeit, sehen wir oft vor lauter Bäumen den Wald nicht mehr. Auf dem weiblichen Weg kommt es daher häufig vor, daß wir uns in Nebensächlichkeiten verstricken und verlieren und diesen unsere volle Aufmerksamkeit schenken – in der Hoffnung, es würde sich dadurch grundsätzlich etwas ändern. Und dann kommt plötzlich die ernüchternde Bauchlandung – begleitet von der schmerzhaften Erkenntnis, daß sich im Wesentlichen doch nichts verändert hat. Die Kunst im Leben einer Frau besteht darin, einen Sinn fürs Wesentliche zu entwickeln. Natürlichkeit und Einfachheit ist der Nährboden, auf dem die Heilung des Weiblichen geschehen kann.

Die Hauptzutaten der Selbstheilung

- ♥ Spaß
- ♥ Lachen
- ♥ Lieben
- ♥ Stöhnen
- ♥ Fühlen
- ♥ Fließen
- ♥ Schlafen
- ♥ Nichtstun
- ♥ Mut zur Lebendigkeit

Lust und Spaß

Selbstheilung für Genießerinnen basiert auf Lust und Spaß. In meiner jahrelangen Arbeit mit Frauen hat sich eindeutig gezeigt, daß weder gute Vorsätze, pflichtbewußte Disziplin noch hartes Training Frauen in Kontakt bringen mit ihrer weiblichen Essenz, im Gegenteil. Deshalb ist es vielen Frauen auch nicht möglich, etwas für sich zu tun: weil sie »müßten« oder »sollten«. Unnötige Miesmacher wie Schuldgefühle, Zwänge und Dogmen, kannst Du ohne Bedenken ignorieren und über Bord werfen!

Inzwischen treffe ich immer mehr Frauen auf dem weiblichen Weg, die sehr viel für ihr Wohlbefinden und ihre Befreiung tun – nicht weil sie müssen, sondern weil es ihnen Spaß macht und sie dadurch ein tolles, lustvolles Lebensgefühl bekommen. Und genau so sollte es sein: Spaß haben am Sein statt sich abrackern und quälen in der Hoffnung, daß dann später alles anders oder besser werde. Selbstheilung geschieht nur, wenn Du Dich wirklich gut fühlst und Spaß dabei hast.

Die Kunst der weiblichen Selbstheilung

besteht darin, Leichtigkeit, Natürlichkeit und

Freude in die tiefen weiblichen Wunden

fließen zu lassen, damit sie heilen können.

Lachen

Ein lachendes Herz ist eine der Kostbarkeiten auf dem Weg der Genießerin. Die meisten Herzen sind jedoch sehr traurig und belastet, voller Enttäuschungen und versteinert vor Angst, so daß sie nicht mehr unbeschwert lachen und lieben können. Beginne Deine Selbstheilung mit der Befreiung Deines Herzens.

Lernen zu lachen, ohne dazu einen Grund zu haben, ist ein Muß auf dem weiblichen Weg. Besonders wenn es um Verletzungen der weiblichen Sexualität geht, gibt es oft überhaupt keinen Grund mehr zum Lachen.

Lachen befreit das Herz

- Der ideale Zeitpunkt, das Herz zu befreien, ist der Moment gleich nach dem Aufwachen.

- Bleibe dabei liegen oder setz Dich auf, je nachdem, in welcher Position es sich besser lacht.

- Lach einfach drauf los! Um die Hemmschwelle zu überwinden, tu einfach so, als ob, bis ein echtes und spontanes Lachen Dich überrollt.

- Streß Dich nicht, wenn es nicht gleich beim ersten Versuch klappt, es hat ja auch eine Weile gedauert, bis sich Dein Herz so verschließen konnte. Bleib dran – mit der Beständigkeit des Wassers – und gib nicht auf, bevor Du wieder herzhaft und unbeschwert lachen kannst.

- Es kann auch hilfreich sein, in einem Frauenkreis gemeinsam zu lachen, dann aber unbedingt die Augen geschlossen.

- Wenn Du fertig bist mit Deiner privaten Lachparty, schließe die Augen und laß die Lebendigkeit des Lachens Deinen gesamten Körper erfüllen.

Weibliche Heilung geschieht, wenn einem in Momenten, in denen es keinen Grund mehr gibt zu lachen, das Lachen nicht vergeht.

Lieben

Liebe ist die Nahrung und der Motor des weiblichen Wesens. Auf dem weiblichen Weg kommen wir nicht daran vorbei, die Liebe zu leben.

Die Kunst des Frauseins besteht darin:

- ♥ sich der Liebe zu öffnen.
- ♥ sich nicht von traurigen kalten Herzen anstecken zu lassen.
- ♥ die Liebe wie einen kostbaren Schatz im Herzen zu tragen und zu behüten, damit sie sich dort ungestört vermehren kann, bis sie überfließt.
- ♥ zu lieben – unabhängig davon, ob unsere Liebe erwidert wird oder nicht.
- ♥ sich selbst zu lieben und zu schätzen.

Stöhnen

Um nicht aufzufallen und niemanden zu stören, haben Frauen gelernt, sich zu ducken und zu schweigen. Eigene Meinungen und Gefühle wurden sicher eingeschlossen in der intimen Schatztruhe, zu der leider niemand mehr einen Schlüssel besitzt. Wenn Du ganz still bist, kannst Du vielleicht von weit her noch hören, wie die leise innere Stimme bebt und wimmert. Aber vielleicht ist sie auch schon ganz verstummt.

Besonders der Schmerz wurde in seinem Ausdruck gedrosselt, doch Lust und Freude hatten noch weniger Gelegenheit, sich zu entfalten. Die Angst, zu tönen und zu stöhnen, unterbindet die weibliche Lebendigkeit.

Genauso heilsam, wie herzhaft zu lachen, ist es, lustvoll zu stöhnen. Es gibt Frauen, die haben sich angewöhnt, beim Lieben zu stöhnen, um eine gute Show abzuliefern, ohne jedoch das Stöhnen wirklich zu fühlen oder zu genießen. Das ist hier nicht gemeint.
Stöhne einfach einmal allein für Dich, ohne dabei sexuell aktiv oder erregt zu sein, einfach so aus Spaß! Experimentiere mit Deinen eigenen Tönen, bis Du Deinen Laut der Wonne entdeckst.

Unheimlich Spaß macht es auch, dies in einer Frauenrunde gemeinsam zu tun, wichtig ist jedoch, daß alle Frauen dabei die Augen geschlossen halten.
Stöhne jeweils etwa zehn Minuten lang, und bleibe dann ruhig liegen. Lege beide Hände auf Deinen Bauch, und atme dorthin. So kannst Du Dich wieder sammeln, nachdem Du Dich total hast gehenlassen.

Wonne zulassen

Fühlen

Ein weiterer wichtiger Schlüssel auf dem weiblichen Weg ist das Fühlen. Für eine Frau von heute ist es ein Muß, sich mit sich selbst gut zu fühlen und in Einklang mit sich zu sein. Da sich die Weiblichkeit weltweit in einem derart desolaten und degenerierten Zustand befindet und Frauen nie gelernt haben, lustvoll und rundum in Harmonie mit sich zu sein, fühlen sie sich in ihrer Weiblichkeit auch nicht richtig zu Hause.

Solange dem Verstand eine solch große Wichtigkeit und Macht eingeräumt wird, geht das immer auf Kosten der Gefühle – und die weibliche Empfindungswelt leidet darunter. Fühlen ist grenzenlos, das Denken hingegen ordnet ein, beurteilt, kontrolliert und schränkt ein. Solange Frauen es zulassen, daß ihr Verstand die Gefühle unbarmherzig kontrolliert, wird es ihnen nicht möglich sein, ihren Urzustand der Grenzenlosigkeit zu erleben, und solange bekommt die Weiblichkeit keine Chance, sich wirklich zu entfalten.

Gib Deinen Gefühlen mehr Raum. Vergiß nicht: Die weiblichen Gefühle wurden über die Jahrtausende hinweg nicht wirklich genährt und gefördert, sondern unterdrückt, verletzt und mißbraucht. Das Mißtrauen und die Verunsicherung sind riesig. Sorge dafür, daß Deine Gefühle den benötigten Raum bekommen, um Spaß und Freude zu erfahren und Dich neu orientieren zu können.

Auf dem weiblichen Weg ist es wichtiger zu erfahren, wie Du fühlst, als was Du darüber denkst.

Fließen

Flexibel, flüssig und weich zu sein wie das Wasser ist für Frauen eine Voraussetzung, um mit dem Körper eins zu sein, sich den Gefühlen und dem Fluß des Lebens hinzugeben. Es versteht sich, daß dies nicht unbedingt Eigenschaften sind, die sich ein Arbeitgeber von einer Frau im Beruf erhofft. So kommen diese weiblichen Qualitäten im Alltag oft zu kurz, und es ist deshalb wichtig, sich immer wieder kleine »Fließnischen« zu schaffen. Erlaube Dir Momente, in denen Du Dich gehenlassen kannst.

Tanzen ist ein weibliches Juwel, das Dich wieder in Fluß bringt. Nimm Dir öfters Zeit, wild, ekstatisch, einfach lustvoll zu tanzen – ohne Struktur und Form, ganz für Dich allein. Lache dazu und stöhne, und genieße das Fließen Deiner Weiblichkeit. Tanz Dich frei!
Und je mehr Du Dich mit Dir allein gehenlassen und dem Puls des Lebens hingeben kannst, desto besser gelingt es Dir auch im Beisein anderer Menschen.

Tanz Dich frei!

Nichtstun

Wie das Wasser unentwegt nach unten fließt, um am tiefsten Punkt zu ruhen, so braucht das Weibliche die Ruhe und Tiefe, um sich zu sammeln und zu erneuern. Deshalb sind Rückzug und Ruhe unersetzliche weibliche Juwele im Leben einer Frau. Durch das Offene und Empfängliche, die das Weibliche prägen, nehmen Frauen Eindrücke, Emotionen oder Einflüsse anderer Menschen leicht in sich auf. Um diese zu verarbeiten, braucht eine Frau dementsprechend viel Zeit und Ruhe, sonst verwandelt sich ihr Inneres sehr schnell in eine Mülldeponie, und das innere Chaos ist vorprogrammiert.

Rückzug und Alleinsein ist für Frauen so wichtig, weil wir so verletzlich und sensibel sind und uns von all den äußeren Eindrücken leicht beeinflussen, überrollen und manipulieren lassen. Vor lauter Fremdeinflüssen wissen wir dann oft gar nicht mehr, wer wir sind und was wir eigentlich wollen. Dies gilt ganz besonders für Frauen, die in Beziehungen leben oder eine Familie haben, ebenso für Frauen, die viel Sex haben oder sich beruflich stark engagieren und exponieren.

Was das Weibliche unbedingt braucht

- ❤ Rückzug und Alleinsein

- ❤ viel Ruhe

- ❤ Entspannung

- ❤ genügend Schlaf

- ❤ Faulenzen

- ❤ Nichtstun (wirklich nichts – auch nicht fernsehen, lesen, sprechen, putzen usw.)

- ❤ positive Vibrationen

- ❤ einfach dasitzen oder -liegen und in Dir ruhen, dabei tief atmen und Dich wohl fühlen, schätzen, was Du bist und in Dir hast, statt Dich auf das zu konzentrieren, wovon Du denkst, daß es Dir fehlt

Schlafen

Die Nacht steht für das weibliche, der Tag für das männliche Prinzip. Deshalb können die weiblichen Qualitäten auch im Schlaf gestärkt werden, und darum ist für Frauen die Qualität des Schlafes von großer Bedeutung.

Dazu ein paar Tips für den weiblichen Gesundheits- und Schönheitsschlaf

- ❤ Am besten schläfst Du an einem ruhigen und total dunklen Ort.

- ❤ In Deinem Schlafzimmer solltest Du Dich rundum wohl fühlen und so richtig entspannen können.

- ❤ Sorge für Deine Oase der Stille, und verbanne Aktivitäten wie Arbeiten, Lesen oder Fernsehen aus dem Schlafzimmer.

- ❤ Gönne Dir genügend Schlaf; besonders heilsam ist der Vormitternachtsschlaf.

- ❤ Gehe ins Bett, bevor Du todmüde bist, damit Du noch genügend Energie und Zeit hast, für eine Weile ruhig im Bett zu liegen und tief zu atmen, um den Tag zu verdauen und richtig abzuschließen.

- ❤ Teile Dein Bett nicht aus Gewohnheit mit einem anderen Menschen, sondern tue dies nur, wenn Du fit und gut drauf bist. Im Schlaf können Frauen unbewußt Emotionen, Spannungen oder auch körperliche Schwächen und Stärken einer anderen Person aufnehmen.

Mut zur Lebendigkeit

Mut zur Lebendigkeit bedeutet auch, die Bereitschaft zu haben, Fehler zu machen und gegen den Strom der Norm zu schwimmen. Mut zur Lebendigkeit bedeutet, Dich für das zu entscheiden, was Du bist, und nicht dafür, wie Dich die anderen gern hätten. Mut zur Lebendigkeit bedeutet, ehrlich mit Dir selbst zu sein, egal was andere über Dich denken. Nur Tote machen keine Fehler. Obwohl wir alle wissen, daß niemand perfekt ist, tun viele so als ob. Die Lebendigkeit wird mit größter Sorgfalt abgeklemmt, um so die Kontrolle zu behalten. Eigene Schwächen und Fehler werden vertuscht in der Hoffnung, bei den Mitmenschen beliebter zu sein und besser akzeptiert zu werden.

Ist das anstrengend! Vor allem beim Sex: Wenn frau da (nur) noch darauf achtet, wie sie aussieht und wirkt, und versucht, ihren Hängebusen oder die Orangenhaut zu verstecken, ist das nicht unbedingt das Klima, in dem sich weibliche Lust optimal entfalten kann.

Frauen tendieren dazu, ihrer Lebendigkeit auszuweichen und/oder sie sich zu verbieten – nur um irgendwelchen vorgegebenen Bildern und Ideen zu entsprechen.

Mit allen Mitteln versuchen sie ihr Leben in das Klischee einer Traumwolke einzupassen, um dem zu entsprechen, was sie von sich selbst erwarten, oder um das darzustellen, was sie in ihren inneren perfekten Bildern entworfen haben. Sie tun das, bis ihnen entweder die Sicherung durchknallt oder sich die Lust vollkommen in Frust verwandelt hat.

Du hast nun zwei Möglichkeiten. Die erste lautet: Du setzt all Deine Mittel und Zeit dafür ein, um Dich so zu formen, wie Du gern sein möchtest. Das ist eine sehr anstrengende Sache und macht in den wenigsten Fällen glücklich und stark. Die zweite Möglichkeit besteht darin, Dir den Luxus zu gönnen, so individuell und natürlich zu sein, wie Du ganz einfach bist – und Deine unkonventionelle und »unperfekte« Art, Frau zu sein, zu lieben und zu genießen.

Weibliche Kraftquellen

Der Tempel

Der Körper ist der Tempel der Weiblichkeit und Sitz der weiblichen Kraft. Deshalb spielt er im Leben einer Frau eine sehr zentrale Rolle; der Köper will geehrt und gepflegt werden. Wenn Türen und Fenster geöffnet sind, braucht es jemanden, der die Schätze im Innern bewacht und beschützt. Ist niemand da, der den Tempel hütet, wird die heilige Stätte leicht beschmutzt oder beschädigt, und es besteht die Gefahr, daß die heiligen Kostbarkeiten entwendet werden.

Solange sich eine Frau ihrer Schätze und Heiligtümer nicht bewußt ist, wird sie ihren Tempel – unwissentlich – nahezu unbewacht lassen, bis die Kostbarkeiten darin verkümmern oder die heilige Stätte total ausgeplündert ist. Lerne daher, aufmerksam in Deinem Tempel zu ruhen, um ihn durch Deine innere Anwesenheit und Liebe zu schützen. Sorge dafür, daß er mit Licht, Liebe und Ruhe durchflutet ist, damit in Deinem Innern eine Atmosphäre herrscht, in der Du Dich so richtig zu Hause fühlen und erholen kannst.

Folgende Empfehlung, »Den Tempel genießen«, wird es Dir erleichtern, nach Hause zu kommen. Such Dir einen ruhigen Ort, an dem Dich niemand stört, um Deinen Tempel mehr und mehr mit Dir selbst zu füllen.

Auf dem weiblichen Weg ist es

wichtiger, sich gut zu fühlen, als

gut zu sein. Sich gut fühlen

wiederum ist das Fundament,

um gut zu sein.

Den Tempel genießen

- Setz Dich aufrecht und entspannt hin, und schließe die Augen.

- Falte beide Hände vor dem Herzen wie zum Gebet, und beginne dann, sanft und liebevoll in Dein Herz hineinzulächeln.

- Mit der Ausatmung kannst Du zusätzlich die heilige Silbe OM leise aussprechen und in Dein Herz lenken, um es mit ihrer sanften Vibration zu erfüllen.

- Tu dies, bis sich Dein Herz öffnet und freut.

- Sobald sich Dein Herz wohl und voller Liebe fühlt, lasse Dein Herz seinen »Duft« im ganzen Körper verströmen, bis sich das wohlige Gefühl überallhin ausgebreitet hat.

- Bleibe still in Deinem Tempel ruhen, und genieße Dich.

Weibliche Wurzeln

Die große Kunst der Weiblichkeit besteht darin, im eigenen Tempel zu Hause zu sein und dort zu ruhen, egal was um uns herum geschieht oder wer immer den Tempel betritt. Das geschieht nicht nur in der Liebe, wo eine Frau einen anderen Menschen in sich aufnimmt, das kann sehr schnell auch auf der emotionalen und energetischen Ebene passieren. Durch ihre Offenheit und Empfänglichkeit nehmen Frauen leicht Gefühle und Gedanken anderer Menschen und/oder auch Schwingungen und Stimmungen in sich auf. Solange frau von sich selbst abgeschnitten ist, nimmt sie diese eingetretenen »Gäste« nicht bewußt wahr, merkt jedoch, daß irgend etwas nicht stimmt, ohne genau zu wissen, weshalb und warum.

Die meisten Probleme und Unstimmigkeiten im Leben einer Frau entstehen aufgrund von innerer Abwesenheit oder Unaufmerksamkeit. Es kann doch nicht die Lösung sein, daß Du Dich, sobald ein ungemütlicher Gast Deine Gemächer betritt, vertreiben läßt und in den Garten oder ins Kino flüchtest. Es wird auch wenig nützen, sich in der Dachkammer einzuschließen und ein schönes Buch zu lesen oder sich einfach auszuklinken und in die Glotze zu starren. Dies bietet dem unerwünschten Gast eine prima Gelegenheit, sich in Deinem Haus fett und feist auszubreiten und gemütlich einzunisten, die Vorratskammer zu plündern, den teuren Schmuck zu klauen und die Atmosphäre so zu gestalten, wie es ihm gerade so paßt.

Den eigenen Platz zu behaupten und gegebenenfalls in der Lage zu sein, ungeliebte Gäste rauszuschmeißen, erfordert Kraft. Damit uns Frauen die nötige Stärke zur Verfügung steht, müssen wir solide in unserem eigenen Zentrum verwurzelt sein.

Wie in der Natur, so wachsen verläßliche Wurzeln auch im Innern der Frau nicht plötzlich von heute auf morgen – schwupps, da sind sie! Ein intensiver Wochenendworkshop kann dieses Wunder ebenfalls nicht vollbringen. Wurzeln wachsen jeden Tag ein kleines bißchen mehr. Und es versteht sich, daß sie unter guten Bedingungen, in einem guten Nährboden prächtiger, stärker und belastbarer werden als Wurzeln in ausgelaugter und vergifteter Erde.

Die Verwurzelung beziehungsweise Zentrierung, die Du auf der folgenden Seite kennenlernst, bietet einen guten Einstieg. Sinn und Zweck des Zentrierens ist es, in sich zu ruhen und verwurzelt zu bleiben – egal, wo Du bist oder was Du tust. Dich in Deinem Zentrum zu verwurzeln ist keine mentale Technik, die Du mit dem Verstand machen kannst; es ist auch keine Übung, sondern eine Einstellung, Du entscheidest Dich damit für Deine eigene Entwicklung. Im Zentrum zu ruhen ist keine Aktivität, sondern ein Zustand. Es ist letztlich die Kunst, Dich in Dir selbst stark und sicher zu fühlen.

Verwurzelung – Zentrierung

- Setze Dich aufrecht und bequem hin.

- Leg eine Hand auf Dein Herz und die andere unter den Nabel.

- Lächele und atme gleichzeitig in Dein Herz hinein, bis es weich wird und sich liebevoll fühlt.

- Laß mit der Ausatmung das innige, wohlige Gefühl hinunter in Deine Mitte, in Deine Tiefe fließen (zu dem Ort unmittelbar oberhalb Deiner Gebärmutter).

- Laß Dich mit jedem Atemzug etwas tiefer ein; bewege Dich vom Kopf mehr und mehr in den Bauch und von der Oberfläche in die Tiefe.

- Gehe mit jedem Atemzug noch etwas tiefer und noch etwas tiefer. Laß Dich auf Deine Tiefe ein, bis Du ganz ruhig wirst.

- Bleibe in diesem innigen Zustand, und laß es zu, daß Deine Atmung Dich immer noch tiefer in Dich hineinträgt.

- Nähre Deine weiblichen Wurzeln in der Stille des Augenblicks.

Zentrierung

Die heiligen Laute

Die inneren Organe sind die Reichtümer, die das Leben unserem Tempel großzügigerweise zur Verfügung stellt. Mach es Dir zur Gewohnheit, diese kostbaren Geschenke täglich zu pflegen und zu ehren. Die inneren Organe sind wie kleine empfindsame Wesen, die in einer hektischen, lieblosen Umgebung stark strapaziert werden. Sie leiden unbeachtet vor sich hin, belastet mit giftigen Stoffen, aber auch mit unverarbeiteten Gefühlen und Eindrücken. Eine Liebesbeziehung mit den eigenen Organen aufzubauen und diese in ihrer Arbeit zu unterstützen und zu entlasten ist ein wichtiger Bestandteil auf dem weiblichen Weg.

Die heiligen Laute sind Töne und Frequenzen, welche die inneren Organe reinigen, stärken und nähren:

- ♥ Der heilige Laut für Leber und Gallenblase ist *Schschschschsch.*
- ♥ Der heilige Laut für Herz und Dünndarm ist *Haaaaaaa.*
- ♥ Der heilige Laut für Milz und Magen ist *Chuuuuuuuu.*
- ♥ Die heilige Silbe für Lunge und Dickdarm ist ein weiches *Sssssssssss.*
- ♥ Der heilige Laut für Nieren und Blase ist *Huuuuuuuuuu.*

Setz Dich entspannt hin, und nimm Dir Zeit für jedes einzelne Organ, bis Du es richtig fühlen kannst und spürst, wie es pulsiert. Sprich den entsprechenden heiligen Laut ganz sanft und leise direkt in das Organ hinein, bis es von seiner Vibration erfüllt ist. Laß dem Laut Zeit, auf das Organ zu wirken.

Anschließend laß alles Belastende mit der Ausatmung aus dem Organ herausfließen, bis es sich leicht und hell anfühlt. Vergiß am Ende nicht, die Organe mit der Kraft Deines Herzens zu nähren und zu stärken.

Kostbares Blut

Das Blut bildet das körperliche Fundament sowie die Nahrung der weiblichen Kraft. Für die Lebensqualität einer Frau sind daher Blutvolumen und Blutqualität von größter Bedeutung. Durch den monatlichen Blutverlust, den wir Frauen über einen großen Lebensabschnitt hinweg erfahren, muß unser Körper immer wieder dafür sorgen, daß genügend neues Blut produziert wird, um das verlorene zu ersetzen. Für den Körper ist das eine große Anstrengung und Leistung. Die verschiedenen Rohstoffe, aus denen das Blut produziert wird und welche es in ein nährendes Elixier verwandeln, müssen irgendwoher bezogen werden.

Unsere Nahrung bildet die Hauptquelle dieser Nährstoffe. Ernähren wir uns jedoch mangelhaft oder gar ungenügend, wird zur Blutproduktion der körpereigene Vorrat geplündert, der unter anderem in den Knochen gespeichert wird. Osteoporose ist ein Beispiel für eine Spätfolge chronischer Fehl- oder Mangelernährung.

Obwohl ich mir darüber im klaren bin, daß viele Leserinnen an dieser Stelle gern eine komplette Einführung in die weibliche Ernährungslehre hätten, und mir auch bewußt ist, wie essentiell eine richtige Ernährung für Frauen ist, würde das den Rahmen dieses Buches definitiv sprengen. Deshalb habe ich nur die wichtigsten Ernährungstips ausgewählt und aufgeführt.

In meinem ersten Buch »Das Tao der Frau« schreibe ich ausführlicher zu dem Thema »Frauen und Ernährung«.

Essenstips für Genießerinnen

Iß

- nur Mahlzeiten, die aus natürlichen und frischen Produkten zubereitet wurden

- Nahrungsmittel ohne chemische Zusatz- und Farbstoffe, Geschmacksverstärker, Konservierungsmittel usw.

- gekochte Mahlzeiten, besonders Suppen und viel Gemüse

- möglichst wenig bis keine Milchprodukte

- keine Süßigkeiten

- möglichst keine Rohkost oder rohe Früchte

Trinke

- hauptsächlich frisches, reines Wasser – dafür gibt es keinen Ersatz!

- nicht einfach irgendwelche Kräutertees. Sie alle haben eine bestimmte Wirkung und sind nicht »an sich« gesund. Wähle Kräutertees statt dessen gezielt aus, und setze sie dosiert ein, um die gewünschte Wirkung zu erzielen.

- möglichst keinen Alkohol. Obwohl er unter dem Begriff »Genußmittel« läuft, stellt er keine Unterstützung auf dem Weg der Genießerin dar. Aber diese Erfahrung machst Du am besten selbst.

Busenpower

Die Brüste gehören zu den Hauptenergiequellen einer Frau. Sie sind nicht nur fähig, einen neuen Menschen zu ernähren, sondern unsere Brüste sind auch in der Lage, uns selbst mit heilenden Kräften zu versorgen – wenn wir wissen, wie!

Busenmassage

▌ Beginne mit der täglichen sorgfältigen Pflege Deiner Brüste, um diese langsam auf ihre neue Funktion vorzubereiten.
Dazu benötigst Du ein gutes natürliches Massageöl, beispielsweise Rosenöl oder ein anderes Öl, das Dir gefällt.
Die Busenmassage kannst Du gut im Stehen ausführen, zum Beispiel morgens im Badezimmer, zwischen Zähneputzen und Frisieren.

▌ Schließ Deine Augen, leg beide Hände auf Deine Brüste, und atme langsam und tief in sie hinein, während Du gleichzeitig in Deinen Busen hineinspürst.

▌ Massiere Deine Brüste kreisförmig, zuerst ganz langsam und sanft, bis ein besonderes Gefühl entsteht. Atme dabei ruhig und tief.

▌ Ändere ab und zu die Richtung, und tue dies nur, solange es sich gut anfühlt.

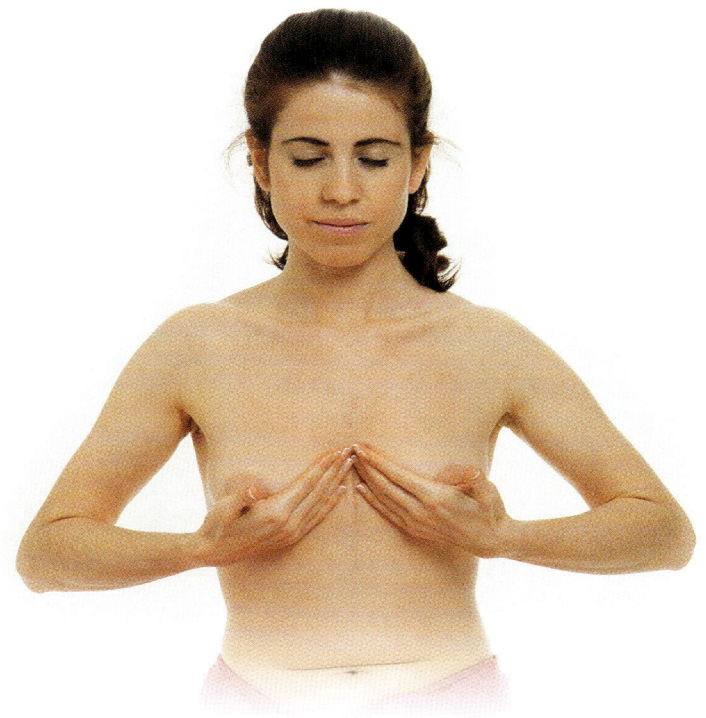

▌ Fahre mit der Massage fort, bis sich Dein Busen lebendig, lustvoll oder einfach außergewöhnlich und gut anfühlt.

▌ Zum Abschluß verwurzele Dich wieder in Deinem Zentrum.

Busenatmung

Stell Dich aufrecht hin, idealerweise mit nacktem Oberkörper, leg die Hände auf Deine Brüste, so daß die Brustwarzen unbedeckt sind, und schließe die Augen.

▌ Lächle liebevoll in Deine Brüste hinein, bis diese das positive Gefühl aufgenommen haben und sich zu freuen beginnen.

▌ Atme nun ganz sanft und tief durch Deine Brustwarzen ein, bis diese lebendig werden und sich mit Lebenskraft und dem Liebesgefühl füllen.

▌ Atme weiter, und lade so Deine Brüste auf, bis Du fühlst, daß sie voller und voller werden.

▌ Wenn die Brüste so richtig gefüllt und dabei ganz prall sind, laß das entstandene Wohlgefühl überfließen und Deinen ganzen Körper nähren und beleben.

▌ Leg Dich nun hin, und bleib bei Deinem Wohlgefühl, während Deine Aufmerksamkeit weiter in Deinen Brüsten ruht. Denn so kann Heilung geschehen.

ACHTUNG!

Bei der Busenatmung sollten keine Unruhe oder Hitzegefühle auftreten. Wenn doch, hör auf mit der Massage, und bring Deine ganze Aufmerksamkeit in den Bauch, bis Dein Herz ruhig und Dein Bauch warm und voll ist.

Drüsen

Die Natur hat unseren Körper mit Hütern und Regulatoren ausgestattet. Das sind die endokrinen Drüsen. Sie produzieren Hormone, die über die Blutbahn unseren Körper aufbauen und gesund erhalten. Sie kontrollieren den Stoffwechsel, regulieren die Organfunktionen und das Gehirn. Außerdem passen sie den Körper den ständig wechselnden äußeren Umständen an und schützen ihn gegen schädigende und krankmachende Einflüsse.

Die Drüsen spielen jedoch nicht nur auf körperlicher Ebene eine entscheidende Rolle, die von ihnen produzierten Hormone beeinflussen auch unseren Gemütszustand, prägen unseren Charakter sowie unser Aussehen und halten unser Liebesleben in Schwung. Überdies stehen viele psychologische Probleme mit ihnen in Zusammenhang.
Die endokrinen Drüsen spielen außerdem eine entscheidende Rolle dabei, ob wir uns weiblich und sinnlich fühlen oder nicht. Funktioniert dieses Drüsensystem nicht richtig, dann bringt es unsere weibliche Natur grundlegend aus dem Gleichgewicht.

Es gibt sieben endokrine Hauptdrüsen, die Du auf der nächsten Seite findest: Zirbeldrüse (1), Hypophyse (2), Schilddrüse (3), Thymusdrüse (4), Bauchspeicheldrüse (5), Nebennieren (6) und Eierstöcke (7). Alle Drüsen sind miteinander verbunden und voneinander abhängig. Wenn eine Drüse geschwächt ist, wird dadurch das gesamte Hormonsystem beeinflußt. Deshalb solltest Du nie nur mit einer Drüse arbeiten, auch wenn diese noch so geschwächt sein mag.

Sinnliche Hormone

Sinnlichkeit ist ein körperlicher Zustand. Ob sich eine Frau sinnlich und weiblich fühlt oder nicht, ist weder der große Zufallstreffer, noch hat dies etwas mit tiefen Gefühlen zu tun, wie viele meinen. Sinnlichkeit ist zum großen Teil abhängig davon, wie viele weibliche Liebes- und Wohl-fühlhormone sich gerade in unserem Organismus befinden. Ist der Körper beispielsweise voller Streßhormone, dann ist das ein Klima, das die weibliche Hormonproduktion und Genußfähigkeit nicht gerade unterstützt, sondern, im Gegenteil, eher unterbindet.

Im folgenden Kapitel wirst Du die sinnlichen Juwele kennenlernen, ein Set von einfach zu erlernenden Hilfen, deren Wirksamkeit aufgrund ihrer Einfachheit nicht unterschätzt werden darf.

Achtung!

❀ Wenn Du mit den Drüsen arbeitest, sei Dir bewußt, daß alle Drüsen miteinander verbunden sind und sich gegenseitig durch ihre jeweiligen Hormone beeinflussen. Aktiviere daher niemals nur eine Drüse allein, sondern mache immer die ganze Sequenz, die ich Dir im folgenden vor-stelle.

❀ Auch wenn Du die Drüsen nicht auf Anhieb fühlst, stell sie Dir bitte nicht vor. Die Vorstellungskraft ist niemals ein Ersatz für echte Wahrnehmung. Nimm Dir Zeit, bis Du sie wirklich spüren kannst, und laß Dich dabei von den Drüsen lenken.

Wer ein Problem erkennt und

nichts zu dessen Auflösung

beiträgt, ist selbst ein Teil

des Problems.

Sinnliche
Juwele

Der weibliche Urzustand

Sinnlichkeit ist der Urzustand der Frau. Die sinnlichen Juwele unterstützen Dich in einfacher Weise dabei, Deine Weiblichkeit zu genießen;
sie stärken darüber hinaus das Drüsensystem und üben dadurch eine
ausgleichende Wirkung auf den gesamten Hormonhaushalt aus. Mit den
sinnlichen Juwelen kannst Du in Deinem Körper ein einladendes Klima
schaffen, so daß sich Deine Wohlfühlhormone vermehren. Und dann
werden sich auch die kleinen Liebeskerlchen Eros und Amor gern bei
Dir einnisten, um Dich zu verzaubern und zu verführen.

Venus, die Göttin der Liebe, empfängt von Amor den Liebespfeil

Wissenswertes

💙 Wenn Du die sinnlichen Juwele nicht genießen kannst und sie Dir keinen Spaß bereiten, dann laß sie lieber bleiben! Um das Weibliche zu heilen, mußt Du Dich rundum wohl und lustvoll fühlen, sonst bleibt der Heileffekt aus.

💙 In den Anleitungen zu den sinnlichen Juwelen wirst Du von mir nie erfahren, wie sich etwas anfühlen oder wie etwas wirken sollte. Das ist mit Absicht so, damit Du nichts Bestimmtes erwartest oder Dir die gewünschte Wirkung bloß mental vorstellst.

💙 Um Dir Gelegenheit zu geben, Dich zu spüren und zu erforschen, wie immer Du auch bist, vermeide ich es in den Anleitungen, Deine Phantasie und Vorstellungskraft anzuregen. Ohne das übliche blumige verbale Gesäusel mögen Dir die Juwele auf den ersten Blick etwas nüchtern vorkommen, das ist mir klar, dafür entsteht um so mehr Platz für Deine eigenen Erfahrungen. Denn das Weibliche braucht viel Freiraum und Leere, um sich optimal entfalten zu können.

1. Im Tempel ruhen – Zentrierung

▌ Setz Dich auf ein bequemes Kissen, so daß Dein Becken etwas höher liegt als die Beine, und halte den Rücken gerade.

▌ Zu Beginn zentriere Dich gut in Dir; zusätzlich kannst Du Dich mit Lachen und Stöhnen in Stimmung bringen, bis Du Dich durch und durch gut fühlst.

▌ Leg dazu eine Hand auf Dein Herz und die andere unter den Nabel.

▌ Lächele und atme gleichzeitig in Dein Herz hinein, bis es weich und liebevoll wird.

▌ Laß mit der Ausatmung das innige, wohlige Gefühl hinunter in Deine Mitte, in Deine Tiefe fließen (zu dem Ort unmittelbar oberhalb Deiner Gebärmutter).

▌ Laß Dich mit jedem Atemzug etwas tiefer ein; bewege Dich vom Kopf mehr und mehr in den Bauch und von der Oberfläche in die Tiefe.

▌ Gehe mit jedem Atemzug noch etwas tiefer und noch etwas tiefer. Laß Dich auf Deine Tiefe ein, bis Du ganz ruhig wirst.

▌ Bleibe in diesem innigen Zustand, und laß es zu, daß Deine Atmung Dich immer noch tiefer in Dich hineinträgt.

▌ Nähre Deine weiblichen Wurzeln in der Stille des Augenblicks.

Im Tempel ruhen

2. Die Lebensgeister wecken

▮ Klopfe mit den Fingerkuppen Deinen ganzen Kopf durch. Laß die Hände dabei locker, und klopfe nicht zu heftig.

▮ Beginne auf dem Kopf, erwecke dann die Rückseite des Schädels hinunter bis zum Hals beziehungsweise Schulteransatz, dann die Schädelseiten und zum Schluß das ganze Gesicht.

▮ Fahre nun fort, und klopfe mit lockerer Faust oder mit einem Bohnensäckchen (Bezugsquelle siehe Anhang) den ganzen Körper durch.

▮ Um auch den Po und die Oberschenkel gut durchzuklopfen, kannst Du die Position ändern und dazu auf die Knie kommen.

▮ Sobald Deine Lebensgeister geweckt sind, setz Dich wieder ruhig hin, schließ die Augen, und atme tief durch.

▮ Geh nun nicht gleich zum nächsten Juwel über, sondern laß jedes Juwel ein paar Minuten lang nachwirken.

Die Lebensgeister wecken

3. Augen – Das Tor zur Seele öffnen

1. Teil
- Atme ganz tief und ruhig. Öffne nun die Augen, und laß sie langsam in einer möglichst großen Achter-Bewegung im Rhythmus Deiner Atmung kreisen, ohne die Augen dabei zu sehr anzustrengen.

- Tue dies 24- bis 36mal, und wechsele dann die Richtung.

- Schließe dann die Augen wieder, lächle in Deine Augen hinein, und lasse das Ganze eine Weile lang nachwirken.

2. Teil
- Halte Deine Augen weiterhin geschlossen, und reibe nun Deine Handflächen aneinander, bis sie warm und energiegeladen sind.

- Leg die Hände auf die Augen. Stell dazu die Knie auf, stütze Deine Ellbogen darauf, und übergib das Gewicht des Kopfes Deinen Händen.

- Laß in dieser Position die Wärme und Kraft Deiner Hände in die Augen fließen, atme ruhig und tief weiter, und schau mit geschlossenen Augen in die Dunkelheit hinein, bis sich Augen und Nacken entspannen.

- Setz Dich nach einer Weile wieder aufrecht hin, und laß das Juwel nachwirken.

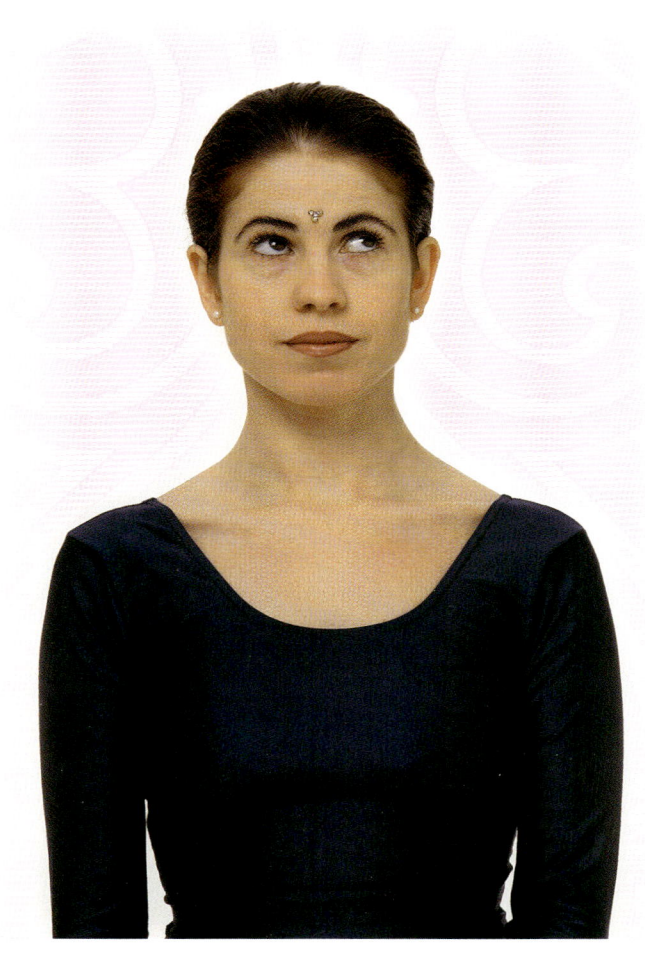

Augen – Das Tor zur Seele öffnen

4. Die Zirbeldrüse

Die Zirbeldrüse ist sozusagen die Drüsenmanagerin, denn sie koordiniert und kontrolliert alle anderen Drüsen und ist verantwortlich für deren Entwicklung und Regulation. Sie steuert außerdem das sexuelle Verlangen und stimuliert das Nervenwachstum. Die Zirbeldrüse wird in mystischen Traditionen auch »der innere Kompaß« genannt, der uns den Weg zur spirituellen Entwicklung weist. Eine gut ausgebildete Zirbeldrüse verhilft Menschen zu großer Weisheit und zu einem empfindsamen, mitfühlenden Herz.

▌ Schaue mit geschlossenen Augen nach oben in Richtung Scheitelpunkt (der oberste Punkt Deines Schädels), und stell innerlich eine Verbindung mit Deiner Zirbeldrüse, Deinem inneren Kompaß her. Atme dabei langsam und tief.

▌ Bring nun eine Hand über den Kopf, ohne ihn zu berühren, und laß sie, die Handfläche nach unten gerichtet, 1 bis 5 cm über dem Scheitelpunkt kreisen.

▌ Kreise so langsam, daß Du die energetische Verbindung zwischen Kopf und Hand gut wahrnehmen kannst.

▌ Finde heraus, welche Wirkung das Kreisen in die eine oder andere Richtung bei Dir hat, und entscheide Dich für die Richtung, die wirkungsvoller ist. Tue dies so lange, bis Dein Scheitelpunkt sanft pulsiert und damit die Zirbeldrüse belebt.

▌ Laß das Juwel für einige Momente nachwirken.

Die Zirbeldrüse

5. Die Hypophyse

Die Hypophyse ist die Königin der Drüsen. Sie erteilt die Befehle, gibt allen anderen Drüsen die entsprechenden Impulse und reguliert damit auch eventuelle Disharmonien. Ebenso wird das Körperwachstum von ihr kontrolliert, die Entwicklung des Gehirns sowie des Gedächtnisses. Auch Unterscheidungsfähigkeit und Willenskraft hängen von ihr ab. Via drittes Auge, dem Punkt in der Mitte unserer Stirn, etwas oberhalb der Augenbrauen, kann die Königin der Drüsen aktiviert werden. Eine starke Hypophyse vermag zum Tor zu Intelligenz und Unabhängigkeit zu werden, und sie bringt uns dazu, die Menschen zu lieben.

▋ Beginne nun, mit dem Mittelfinger Dein drittes Auge sanft zu klopfen, halte die Augen dabei geschlossen, und bring Deine ganze Aufmerksamkeit auch von innen her zu dem Punkt auf Deiner Stirn.

▋ Laß dann den Finger ruhig dort liegen, und atme tief ein, während Deine ganze Aufmerksamkeit im dritten Auge ruht. Tue dies, bis Du das Gefühl hast, daß der Punkt selbst einatmet, und Du spürst, wie er pulsiert und sich das Tor langsam öffnet.

▋ Bringe nun beide Hände nach unten, und atme langsam weiter durch das dritte Auge, um so die Hypophyse zu aktivieren, und lächle in sie hinein.

▋ Nimm Dir Zeit, dieses Juwel wirken zu lassen.

Die Hypophyse

6. Die göttliche Trommel

- Verschließe beide Ohren, indem Du sie mit den Handflächen bedeckst.

- Leg die Mittelfinger auf die beiden weichen Mulden etwas seitlich unter dem hinteren Schädelansatz, und klopfe mit dem Mittelfinger gleichmäßig, langsam und ruhig im Rhythmus Deiner Atmung auf diese Stelle.

- Vermeide dabei, daß Ring- und kleiner Finger den Kopf berühren, dies dämpft den Ton.

- Spiele die göttliche Trommel, so daß Dein gesamter Schädelinnenraum von dem Trommelgeräusch belebt wird. Konzentriere Dich dabei ganz auf die Vibrationen, die in Schädel und Gehirn entstehen.

- Der göttlichen Trommel zu lauschen kann eine klärende und erfrischende Wirkung auf den Geist ausüben.

- »Schlage« die Trommel etwa 24- bis 36mal, nimm dann die Hände wieder nach unten, und laß den himmlischen Laut in Dir nachklingen.

Die göttliche Trommel »schlagen«

7. Den Durchgang öffnen

Der Hals ist der enge, oft sehr verspannte Durchgang zwischen Kopf und Bauch. Je entspannter und durchlässiger er wird, desto unbeschwerter und fließender kann der Austausch zwischen Kopf und Bauch geschehen.

▌ Sitze möglichst aufrecht, und bring beide Arme seitlich hoch, so daß sie einen 90-Grad-Winkel zum Körper bilden. Mache lockere Fäuste, und richte eine Faust nach oben, die andere nach unten.

▌ Dreh nun den Kopf in Richtung des Arms, bei dem die Faust nach oben weist. Bewege dann den Kopf auf die andere Seite, während Du gleichzeitig die Schultern so drehst, daß die Faust, die nach oben schaute, nach unten zeigt und umgekehrt.

▌ Dehne bei jeder Drehbewegung Kopf und Schultern so weit wie möglich, doch nicht weiter, als es sich gut und angenehm anfühlt. Bleibe dabei locker und flexibel wie ein Gummiband.

▌ Führe die Drehbewegung im Zeitlupentempo aus, und atme dabei weich und tief – etwa 24- bis 36mal.

▌ Bring zum Schluß Deine Hände wieder nach unten, und laß die Bewegung tief in Dir nachwirken.

Den Durchgang öffnen

8. Die Schilddrüse

Die Schilddrüsen und Nebenschilddrüsen kontrollieren den gesamten Stoffwechsel, sie regulieren die Körpertemperatur, scheiden Giftstoffe aus dem Körper aus und sorgen außerdem für unsere Vitalität. Eine Unterfunktion, ebenso wie eine Überfunktion der Schilddrüsen, kann leicht zu emotionaler und mentaler Unausgeglichenheit führen. Eine starke Schilddrüse kann das Tor sein zu Ausgeglichenheit, höherer Einsicht, Konzentration, Selbstlosigkeit sowie zu Dankbarkeit und einem reinen Herzen.

❚ Klopfe 24- bis 36mal Deine Zähne zusammen, ohne den Speichel, der sich dabei in der Mundhöhle sammelt, herunterzuschlucken.

❚ Massiere dann mit der Zunge den Speichel gründlich in Dein Zahnfleisch ein. Leg eine Hand auf Deine Schilddüse und fühle Sie.

❚ Schluck dann Deinen Speichel ganz bewußt in Richtung Schilddrüse hinunter. Lächle in die Schilddrüse hinein, und gib ihr Zeit und Raum, sich zu nähren und zu erneuern.

❚ Atme dabei tief und ruhig, und spüre, wie die Schilddrüse pulsiert.

❚ Nimm Dir wieder genügend Zeit, dieses Juwel wirken zu lassen.

Die Schilddrüse

9. Kopf und Bauch vereinen

In den meisten Fällen haben Kopf und Bauch oder Kopf und Herz unterschiedliche Interessen. Deshalb sind sie oft nicht gerade ein Herz und eine Seele und stehen sich gegenseitig immer wieder im Weg. Diese innere Zerrissenheit ist auf Dauer sehr anstrengend. Das folgende Juwel dient daher dazu, Kopf und Bauch miteinander zu verbinden und zu versöhnen.

■ Leg eine Hand auf Deine Stirn, so daß beide Hirnhöcker gut bedeckt sind, während Du die andere auf den Bauchnabel bringst und einige Male tief durchatmest.

■ Massiere nun mit kleinen, kreisenden Bewegungen den Bauchnabel und ein wenig um ihn herum.

■ Atme dabei immer noch tiefer und ruhiger.

■ Sobald Du das Gefühl hast, daß es nun genug ist, laß Deine Hand wieder auf dem Nabel ruhen, die andere Hand liegt weiterhin auf der Stirn.

■ Bleibe ruhig so sitzen, und bring Deine gesamte Aufmerksamkeit und Dein ganzes Gefühl gleichzeitig in Deinen Kopf und Deinen Bauch, um diese mit Hilfe der Atmung bewußt miteinander zu verbinden.

■ Bring nun beide Hände wieder nach unten, und atme ruhig weiter, um die Verbindung zwischen Kopf und Bauch zu vertiefen und ihre Versöhnung zuzulassen.

Kopf und Bauch vereinen

10. Thymusdrüse

Die Thymusdrüse wird auch »Verjüngungsdrüse« genannt. Sie übt im Körper eine wichtige Schutz- und Abwehrfunktion aus und führt uns hin zur höchsten Liebe. Sie sitzt im Innern des Brustkorbs, ungefähr zwischen den Brüsten – genau an der Stelle, die Du berührst, wenn Du »ich« sagst und dabei Deine Hand zum Herzen führst.

∎ Klopfe mit lockerer Faust auf diese Stelle in der Mitte Deiner Brust; tue dies weder zu schnell noch zu heftig.

∎ Gib der Thymusdrüse nach jedem Schlag ausreichend Zeit, bis sich die entstandene Vibration wieder gelegt hat.

∎ Klopfe so 24- bis 36mal, bleibe abschließend für eine Weile ruhig sitzen, und laß das Juwel einwirken.

Thymusdrüse

11. Brüste

Die Busenmassage, die Du bereits kennengelernt hast, ist ein wichtiger Bestandteil der sinnlichen Juwele. Denn durch das Aktivieren der Brüste wird das weibliche Wohlfühlhormon Oxytozin ausgeschüttet. Achte darauf, daß Du Deinen Busen auch wirklich fühlst, während Du ihn massierst. Falls Du durch die Massage unruhig wirst oder Herzklopfen bekommst, mache entweder noch langsamere und gefühlvollere Bewegungen, oder lege eine längere Verwurzelungspause ein, bis Du wieder ruhig bist.

▮ Lege beide Hände auf Deine Brüste, spüre sie, und laß Deine Liebe in sie fließen bis ein gutes Gefühl entsteht.

▮ Mache die Busenatmung (siehe Seite 62), um Deine Busenpower zu aktivieren.

▮ Massiere nun den Busen kreisförmig nach oben auswärts, ruhig etwas kräftiger, jedoch mit Feingefühl, um das Gewebe und die Milchdrüsen zu durchbluten. Tue dies 36mal in die eine, dann 36mal in die andere Richtung.

▮ Ändere nun nochmals die Richtung, und massiere 36mal in der Richtung, mit der Du angefangen hast, ganz sanft mit den Fingerspitzen in kreisenden Bewegungen um die Brustwarzen herum.

▮ Laß Deine Hände wieder nach unten kommen, spüre diesem Juwel nach, bis sich das Wohlgefühl auf Deinen ganzen Körper ausdehnt.

Brustmassage

12. Die Bauchspeicheldrüse

Die Bauchspeicheldrüse, auch Pankreas genannt, ist zuständig für die Verarbeitung und Integration von Nahrung – und das auf allen Ebenen. Sie produziert das Insulin, um den Blutzucker zu regulieren. Schlechte Eßgewohnheiten beanspruchen die Bauchspeicheldrüse sehr. Beachte daher auch die Ernährungstips auf Seite 61.

■ Lege beide Hände übereinander auf Deine Bauchspeicheldrüse (siehe Abbildung), lenke Deine innere Aufmerksamkeit dorthin und laß sie dort ruhen.

■ Massiere nun kreisförmig den ganzen Bauch kräftig durch. (Tue dies nicht, wenn Du schwanger bist oder menstruierst!)

■ Wiederhole diese Massagebewegung 36mal in jeder Richtung.

■ Laß dann beide Hände wieder auf Deiner Bauchspeicheldrüse ruhen, und fülle sie mit Deinem Wonnegefühl aus Herz und Brüsten, bis sie sich glücklich anfühlt. Atme dabei tief und ruhig weiter.

■ Gib der Drüse genügend Zeit und Ruhe, sich zu erneuern.

Dieses Juwel belebt und entgiftet gleichzeitig auch die inneren Organe.

Bauchspeicheldrüse

13. Nebennieren

Die Nebennieren kontrollieren das »Feuer« im Körper, dazu gehören alle Arten von Aktivitäten sowie unsere Sexualität. In Notfällen oder lebensbedrohlichen Situationen schütten sie Adrenalin, das sogenannte Streßhormon aus, welches dem Körper den Impuls gibt, seine inneren Reserven anzuzapfen und unverzüglich zur Verfügung zu stellen. So versetzt das Adrenalin den Körper in einen Ausnahmezustand, nämlich in höchste Alarmbereitschaft, und verleiht uns damit Kräfte, die uns im Normalfall nicht zur Verfügung stehen – mit der Absicht, unser Leben zu retten. Viele Menschen sind derart ausgepumpt, daß sie nur noch funktionieren, wenn sich ihr Körper in diesem äußersten Streßzustand befindet – was ihn letztlich noch mehr auslaugt und strapaziert.

Für jeden Körper ist Streß eine Höchstleistung, deshalb ist es wichtig, in Zeiten starker Beanspruchung um so mehr auf eine gute Ernährung zu achten. Du solltest dann unbedingt sicherstellen, daß Du genügend Mineralstoffe zu Dir nimmst, damit Dein Körper nicht zu sehr ausgelaugt wird und über die Kraft verfügt, die an der körperlichen Substanz nagenden Streßhormone wieder abzubauen.

Solange sich Streßhormone in der Blutbahn befinden, ist es sehr schwierig, Deine Weiblichkeit in vollen Zügen zu genießen. Ideal wäre es, Streß möglichst zu vermeiden oder Dir zumindest nach streßigen Zeiten ausreichend Entspannung zu gönnen. Da die Nieren und Nebennieren eng miteinander verbunden und die meisten Nieren sehr pflegedürftig sind, werden wir sie an dieser Stelle mit einbeziehen.

Es gibt nur Jetzt!

- Reibe nun Deine Handflächen aneinander, bis sie schön warm und voller Energie sind.

- Reibe und massiere dann den unteren seitlichen Rücken und damit Deine Nieren, bis diese warm sind und sich entspannen.

- Halte die Augen geschlossen, und fülle die Nieren sowie die direkt darüberliegenden Nebennieren mit den guten Vibrationen aus Deinem Herzen.

- Atme nun tief ein, und beginne mit der Ausatmung sanft und lustvoll in die Nebennieren zu stöhnen.

- Laß es zu, daß Deine Nieren diesen herrlichen Balsam trinken und jede einzelne ihrer Zellen damit versorgt wird.

- Tue dies, solange Du Lust dazu verspürst.

- Bring dann beide Hände wieder in Deinen Schoß, und laß dieses Juwel nachwirken, indem Du ruhig dasitzt und tief atmest.

Nebennieren

14. Die Eierstöcke

Die Eierstöcke produzieren die weiblichen Sexualhormone, unsere weibliche Essenz. Die weiblichen Hormone beeinflussen Körper, Gefühle, Charakter und Sexualität einer Frau. Eine Erschöpfung oder Disharmonie der Eierstöcke schwächt unweigerlich die weibliche Natur.

▌ Leg Deine Hände auf die Eierstöcke, und stell mit Hilfe der Atmung und Deiner inneren Wahrnehmung eine Verbindung mit ihnen her.

▌ Um die Eierstöcke zu beleben, klopfe mit den Fingerkuppen sanft und kreisförmig um sie herum, bis Du sie spüren kannst.

▌ Atme nun durch Deine Vagina ein – dabei soll ein sanfter Sog entstehen – und lenke die Energie mit der Ausatmung in Deine Eierstöcke, um diese weiter zu beleben.

▌ Tue dies nur etwa 5- bis 6mal, es soll Dir nicht heiß dabei werden.

▌ Lege dann beide Hände auf Deine Eierstöcke, und laß dieses Juwel nachwirken. Atme dabei ruhig und tief weiter, und gestatte es Deiner Herzenskraft, in die Eierstöcke zu fließen.

Eierstöcke

15. Heilung zulassen

▌ Zur Vertiefung der Heilkräfte der sinnlichen Juwele leg Dich zum Abschluß flach auf den Rücken, und laß beide Hände auf dem Bauch, direkt unter dem Nabel ruhen.

▌ Atme tief und weich in Deine Mitte. Ruhe dort mit Deiner Aufmerksamkeit, und laß Heilung geschehen.

▌ Wann immer Du in Deine Traum- oder Gedankenwelt abdriftest, hol Dich wieder zurück, und atme ruhig weiter.

▌ Selbstheilung ist der bewußte Vorgang, eins mit Dir selbst zu werden, und das erfordert Deine gesamte innere Aufmerksamkeit sowie all Deine Liebe zu Dir selbst.

Die Schatztruhe

Kostbarer Schatz

Die Gebärmutter ist die größte Kraftquelle einer Frau. Ihre Befreiung und Rehabilitierung ist ein wesentlicher Bestandteil der Frauenarbeit. Die Gebärmutter, unser kostbarster Schatz, liegt jedoch im tiefsten Innern versteckt und muß erst entdeckt und ausgegraben werden. Die Gebärmutter ist offen und empfänglich, sie hat eine aufnehmende Qualität, egal ob eine Frau das bewußt wahrnehmen kann oder nicht. Diese Eigenschaft bezieht sich nicht bloß auf den männlichen Samen, sondern sie manifestiert sich auf allen menschlichen Ebenen. So nimmt die Gebärmutter ebenfalls Stimmungen, Gefühle, Gedanken in sich auf und speichert diese.

Für Frauen, die keinen Kontakt zu ihrer Gebärmutter haben und sie nicht regelmäßig reinigen und pflegen, wird sie schnell zur inneren Mülldeponie, vollgesaugt mit Schmerz, Negativität und allerlei Emotionen. Das hat zum Teil verheerende Folgen: Jeder dritten Frau wird die Gebärmutter operativ entfernt, sexuelle Probleme und Schwierigkeiten mit der Menstruation sind an der Tagesordnung. Solange eine Gebärmutter voller Schmerz und Leid ist, wird eine Frau nicht in der Lage sein, ihre Weiblichkeit unbeschwert zu genießen. In diesem Zustand bedeutet die Gebärmutter für viele Frauen das Tor zur Hölle, aber leider nicht nur für uns Frauen. Die Gebärmutter ist der Ort, an dem wir alle die ersten neun Monate unseres Lebens verbringen. Die Stimmung, die in der Gebärmutter herrscht, ist der erste Eindruck, den wir vom Leben erhalten, und der uns prägt, wie kein anderer.

Damit frau sich auf ihre Weiblichkeit in voller Tiefe einlassen kann, muß die Gebärmutter von all den angesammelten Belastungen gereinigt und erlöst werden. Denn sobald sie ihre sinnliche Lebendigkeit wiedergefunden hat, kann die Gebärmutter zum Tor in neue Dimensionen der Weiblichkeit werden.

Du wirst nun lernen, Deinen kostbaren Schatz, Deine Gebärmutter, zu reinigen, zu schätzen und zu schützen.

Wissenswertes

- Sei bitte immer liebevoll und geduldig mit Deiner Gebärmutter. Laß ihr genügend Zeit, und setze sie nicht unter Druck, sich möglichst schnell und gründlich zu reinigen.
- Die weibliche Selbstheilung funktioniert nicht wie eine Instant-Suppe – leicht und schnell –, sondern sie ist eine wunderschöne lange Reise für Genießerinnen.
- Das wichtigste dabei ist, daß Du die Gebärmutter mit guten Vibrationen füllst, und dazu brauchst Du zuerst einmal ein offenes Herz.

Heilende Juwele

Ich werde Dich nun mit den heilenden Juwelen bekannt machen, das sind sogenannte Energie-Eier aus verschiedenen Mineralien. Die heilenden Juwele kannst Du gezielt einsetzen, um Deine Gebärmutter zu reinigen und zu schützen. Du kannst das Ei nach Belieben direkt in Deine Scheide einführen, oder Du legst es äußerlich darauf oder auf Deine Gebärmutter. Wenn Du das Energie-Ei einführst, ist es äußerst wichtig, daß Du Dich dabei wohl fühlst, sonst bleibt die gewünschte Heilwirkung aus.

Im Anhang findest Du eine Bezugsquelle für diese Stein-Eier, die mit einem Loch durchbohrt sind. Durch dieses Loch wird eine Schnur gezogen und gut befestigt, damit Du das Ei jederzeit bequem wieder aus der Scheide entfernen kannst.

Benutze das Energie-Ei nicht
- ♥ während Du menstruierst
- ♥ wenn Du krank bist
- ♥ wenn Du schwanger bist
- ♥ wenn Du in Deinem Verstand bist und Dich nicht wirklich gut fühlen kannst

Wissenswertes

- Mach die Gebärmutterreinigung mit dem Energie-Ei nur, wenn Du guter Laune bist und Dich mit dem Ei wohl fühlst.

- Reinige das Energie-Ei vor dem ersten Gebrauch sorgfältig. Laß es (inklusive Schnur) etwa 15 Minuten lang in kochend heißem Wasser ziehen.

- Kontrolliere vor dem Gebrauch, ob die Schnur gut befestigt und der Knoten groß genug ist und hält.

- Sorge dafür, daß Du für die Reinigung ungestört bist und zum Beispiel keinen Besuch erwartest. Schließ die Tür, und steck das Telefon aus.

- **Frauen ohne Gebärmutter** Keine Gebärmutter mehr zu haben ist kein Grund, sich nicht mehr um sie zu kümmern, im Gegenteil. Auf energetischer und emotionaler Ebene sind noch alle Informationen und Gefühle vorhanden. Jedoch sollten Frauen ohne Gebärmutter besonders liebevoll und sanft mit sich umgehen, denn meist liegen hier die Verletzungen und Wunden noch tiefer als bei anderen Frauen.

Welcher Stein ist der richtige?

Der Stein sollte in erster Linie Deiner Gebärmutter entsprechen und nicht von Deinem Kopf ausgewählt werden. Gib Deiner Gebärmutter die Gelegenheit, den geeigneten Stein auszuwählen, den sie sich wünscht und der ihr guttut.

Das geht so:

▌ Setz Dich hin, leg eine Hand auf Dein Herz und die andere auf Deine Gebärmutter, und nimm Kontakt mit ihr auf, indem Du in sie hineinatmest und in sie hineinspürst.

▌ Sobald Du sie fühlen kannst, frag sie, welchen Stein sie möchte. Denke jetzt nicht, sondern sitze ganz still da, lächle in die Gebärmutter hinein, und atme ruhig weiter, bis Du den Wunsch Deiner Gebärmutter wahrnehmen kannst.

Ich werde Dir nun einige Steine vorstellen, die sich besonders gut eignen, um die Gebärmutter zu reinigen und zu schützen. Bitte beachte, daß jede Frau einzigartig ist und deshalb auch die Wirkung eines jeden Steines bei jeder Frau ganz unterschiedlich sein kann. Achte sehr sorgsam darauf, was der jeweilige Stein in Dir bewirkt.

Das Ei reinigen

Durch die reinigende Arbeit der Gebärmutter wie beim Reinigungsritual, das Du noch kennenlernen wirst, übergibst Du dem Ei belastende Emotionen sowie negative Energien und Schwingungen. Deshalb ist es wichtig, das Ei nach Gebrauch sorgfältig zu reinigen. Es kann auch vorkommen, daß das Ei nach der Übung plötzlich eine andere Farbe hat oder matt geworden ist. Vielleicht hast Du das Gefühl, daß es richtig schmutzig ist, und es gefällt Dir plötzlich nicht mehr. Es kann auch sein, daß das Ei so viele Spannungen aufnimmt, daß es Sprünge bekommt. Um das Ei energetisch wieder zu reinigen, halte es unter fließendes kaltes Wasser, bis Du fühlst, daß es wieder frei von negativen Energien und Schwingungen ist.

Das funktioniert aber nicht immer. Es kann passieren, daß ein Ei Dir so viel Leid abnimmt, daß Du es nicht mehr reinigen kannst und opfern mußt. Dann übergib es mit seinem Inhalt der Erde, indem Du es an einem schönen Platz eingräbst.
Wenn Du das Ei auch noch von Bakterien reinigen möchtest, dann übergieß es mit kochendem Wasser, und laß es etwa zehn Minuten lang darin liegen.

Laß die Eier nicht in kochendem Wasser herumspringen, sie sind nicht unbedingt so robust und können, wenn Du sie nicht sorgfältig behandelst, auch Sprünge bekommen.

chat

Der Achat ist ein guter Stein für den Einstieg, da er hauptsächlich auf der körperlichen Ebene wirkt und erst einmal nicht in die Gefühlswelt eindringt.

Der Achat besitzt die Fähigkeit,

- ♥ körperliche Blockaden und Stauungen zu lösen
- ♥ Menstruationsprobleme zu lindern
- ♥ Giftstoffe zu absorbieren
- ♥ die Gebärmutter zu entspannen und zu stärken
- ♥ negative Energien fernzuhalten, um die Gebärmutter zu beschützen
- ♥ die Selbstheilungskräfte zu fördern
- ♥ das Selbstvertrauen zu stärken
- ♥ bei Schwangerschaft zu schützen (wenn Du schwanger bist, führe den Stein nicht ein; es reicht, ihn zu tragen oder aufzulegen)
- ♥ die Geburt zu erleichtern (hier gilt das gleiche wie bei der Schwangerschaft)

Chinajade

Grüne Chinajade ist ebenfalls ein sehr guter Stein für den Anfang, denn sie wirkt sehr sanft und mild. Eier aus Jade wurden in Frauengemächern des chinesischen Kaisers über Jahrtausende hinweg dazu benutzt, die weibliche Liebesfähigkeit zu fördern. Chinajade gilt als Stein des Friedens, der Ruhe und Gelassenheit.

Chinajade besitzt die Fähigkeit,

- ♥ das Blut zu reinigen
- ♥ sanft zu entgiften
- ♥ das Immunsystem zu stärken
- ♥ die Fruchtbarkeit zu fördern
- ♥ Frauenbeschwerden zu lindern
- ♥ zu harmonisieren, zu beruhigen und zu entlasten
- ♥ uns sanft und liebevoll zum Kern des Problems zu lenken
- ♥ uns in Einklang mit uns selbst zu bringen
- ♥ die Meditation zu fördern

Die Milchjade

- ♥ hat einen noch stärkeren reinigenden Effekt als die grüne Jade
- ♥ kühlt und beruhigt die Gebärmutter
- ♥ ist ein sehr liebevoller und aufnahmefähiger Stein

Rosenquarz

Der Rosenquarz ist ein beliebter und vielseitiger Stein, der in seiner Wirkung nicht zu unterschätzen ist. Er besitzt die Fähigkeit, tief in die Gefühlswelt einzudringen. Sei Dir dabei aber bewußt, daß sich seine heilenden Kräfte erst entfalten, wenn Du in Kontakt mit Deinen unbewußten Verletzungen und Ängsten gekommen bist. Das kann schmerzhaft und unangenehm sein und schnell zuviel werden. Wenn Du von negativen Emotionen überrollt wirst, bleibt der Heileffekt aus.

Der Rosenquarz ist ein Stein für Frauen, die schon gut in ihrer Weiblichkeit verwurzelt sind. Nur davon zu träumen und sie sich vorzustellen ist nicht dasselbe, wie echte weibliche Kräfte entwickelt zu haben, welche die düsteren Schattenseiten mit Lust und Liebe zu heilen vermögen.

Der Rosenquarz hat die Fähigkeit,

- ♥ Menschen dabei zu helfen, das Schöne und Gute wieder zu entdecken und zu schätzen
- ♥ Gefühle an die Oberfläche zu bringen
- ♥ Gefühlsblockaden und Verhärtungen aufzulockern und zu lösen, nachdem sie noch einmal durchlebt und verarbeitet wurden
- ♥ Ängste zu vertreiben
- ♥ die Fruchtbarkeit zu fördern
- ♥ verbitterte und verhärtete Menschen aufzuweichen und ihnen zu helfen, wieder Vertrauen zu fassen, liebevoller, verzeihender und friedlicher zu werden
- ♥ uns gegen negative Strahlungen und Schwingungen zu schützen

Argonit

Seiner milden und zarten Qualitäten wegen ist der Argonit – auch als Calzit bekannt – ebenfalls ein idealer Stein für den Einstieg. Er eignet sich besonders für Frauen mit starken Problemen und Verletzungen im sexuellen Bereich. Sein Motto könnte lauten: Eile mit Weile!

Der Argonit besitzt die Fähigkeit,

- ♥ unser körperliches Fundament zu stärken
- ♥ uns mit der Erde zu verbinden, damit wir im Körper bleiben und nicht abheben
- ♥ Lernprozesse zu beschleunigen
- ♥ uns die eigenen Grenzen wahrnehmen zu lassen
- ♥ Unbeschwertheit, Heiterkeit und dabei trotzdem auch Ernsthaftigkeit zu vermitteln

Obsidian

Der Obsidian ist ein Stein, der stark auf der körperlichen, jedoch ebenso auf der Gefühlsebene wirkt. Er ist einer meiner Lieblingssteine, der mich in seiner stark reinigenden Wirkung immer wieder aufs neue überzeugt. Der Obsidian ist ein vulkanischer Stein und trägt daher die Eigenschaften des Vulkans in sich. Das heißt, er kann Verborgenes vulkanartig zum Ausbruch bringen. Der Obsidian ist ein Stein für Frauen, die Lust haben, ihre Schattenseiten zu heilen.

Der Obsidian hat die Fähigkeit,

- ♥ vor negativen Einflüssen zu schützen
- ♥ alte, im Körper gespeicherte Erinnerungen zu wecken, verborgene Emotionen und verdrängte Gedanken ins Bewußtsein zu bringen
- ♥ emotionale Blockaden und Schattenseiten aufzudecken und zu klären
- ♥ Stärke und Lebenskraft zu verleihen
- ♥ Schmerzen aufzunehmen
- ♥ Energiemuster zu verändern
- ♥ zu erden und zu heilen

Reinigungsritual für die Gebärmutter

- Leg Dein Ei bereit. Die ideale Vorbereitung für das Reinigungsritual sind die sinnlichen Juwele; Tanzen oder die Lachmeditation eignen sich jedoch ebenfalls gut dafür.

- Massiere sinnlich und genüßlich Deinen ganzen Unterleib, Oberschenkel, Schambein und Schamlippen, bis Du bereit bist, Dein Ei einzuführen.

- Führe das Ei mit der Rundung nach oben ein, das geht am besten in der Hocke. Danach kannst Du im Sitzen weitermachen. (Wenn Du das Ei nicht einführen möchtest, dann leg es von außen auf Deine Gebärmutter.)

- Leg eine Hand auf Dein Herz, die andere auf Deine Gebärmutter. Atme und lächle dann in Dein Herz, um es zu öffnen.

- Sobald das Liebesgefühl im Herzen zu fließen beginnt, laß es mit der Ausatmung nach unten strömen, um Deine Gebärmutter damit zu durchfluten und so zu reinigen.

- Laß alles Dunkle und Belastende, alle Emotionen und Schmerzen aus der Gebärmutter fließen, und übergib sie dem Ei.

- Tue das, bis die Gebärmutter leichter wird.

- Entferne das Ei anschließend wieder, und bleib noch eine Weile ruhig sitzen oder liegen. Leg beide Hände auf Dein Zentrum, um Dich wieder zu sammeln und zu zentrieren.

Die Gebärmutter schützen

Die Energie-Eier sind wunderbare weibliche Juwele, um die Gebärmutter im Alltag zu schützen. Offen und empfänglich, wie sie ist, nimmt sie ständig Schwingungen und Energien in sich auf – negative wie positive – ob Du Dir dessen bewußt bist oder nicht. Zu lernen, die Gebärmutter wirksam zu schützen, ist ein wichtiger Bestandteil der weiblichen Juwele.

Ich kenne Frauen, die benützen das Energie-Ei für die Arbeit, Michelle schwört darauf, das Ei bei Reisen im Flugzeug zu tragen. Eine junge Frau, die ich kenne, führt das Ei ein, wenn sie mit einem Mann im selben Bett schläft, um sich so energetisch besser abgrenzen zu können. Sei ruhig erfinderisch mit dem Ei!
Die Voraussetzung dafür, das Ei für solche Zwecke einzusetzen, ist, daß Dein Beckenboden das Ei gut und entspannt halten kann. Wenn Du das Ei mehrere Stunden in Dir behältst, bewege es ab und zu, damit die Gebärmutter genügend Sauerstoff bekommt. Hier geht es allein um das Wohl Deiner Gebärmutter, und es ist Deine Aufgabe, herauszufinden, was sie am liebsten mag.

Vielen Frauen tut es auch gut, die Gebärmutter nach dem Sex zu reinigen, speziell, wenn sie danach einen komischen Nachgeschmack haben und sich nicht besonders gut fühlen. Frau und Mann sind energetisch nicht immer kompatibel und Frauen nicht jederzeit in der Lage, das Andersartige problemlos aufzunehmen und ohne »Nebenwirkungen« in ihren Organismus zu absorbieren.

Die heilenden Edelsteine

Deine Schatztruhe möchte ich mit einer Auswahl von Edelsteinen ergänzen, die auf die Drüsen einwirken. Die größte Heilwirkung kannst Du erzielen, indem Du die Steine direkt auf die Drüsen legst. Damit sie ihre Kraft beibehalten, müssen auch die heilenden Edelsteine regelmäßig gereinigt und gepflegt werden. Wichtig ist bei der Auswahl, daß Du Dich in den Stein »verliebst«, der Dir helfen soll, sonst wirst Du von ihm keine Hilfe bekommen. Es kann auch gut sein, daß Du einen Stein brauchst, der nicht auf der folgenden Liste steht. Verlaß Dich deshalb bei der Auswahl eines Edelsteins auf Deine weibliche Intuition. Wichtig ist nur, daß der Stein natürlich und weder bestrahlt noch eingefärbt ist.

Zirbeldrüse: Diamant, Amethyst, Bergkristall, klarer Turmalin

Hypophyse: blauer Saphir, Lapislazuli, blauer Turmalin

Schilddrüse: Aquamarin, Pyrit, Chalzedon, Perlen, blauer Topas

Thymusdrüse: Samaragd, Jade, Aventurin, grüner Turmalin

Brüste: Rosenquarz, Mondstein, Milchjade, Diamant, Analzim

Bauchspeicheldrüse: Argonit, Bernstein, gelber Jaspis, Achat

Nebennieren: Rubin, Granat, Blutjaspis, Hämatit

Eierstöcke: Feueropal, Karneol, Mondstein, Goldtopas, Aventurin

ABC der

Weiblichkeitskiller

A – Angst

Angst ist der Weiblichkeitskiller Nummer eins. Angst vor Lebendigkeit, Angst vor Neuem, Angst, mit den eigenen Gefühlen in Kontakt zu kommen, Angst vor dem Alleinsein, die Angst, eine starke Frau zu sein und und und …

Angst ist immer ein Hinweis dafür, daß wir noch nicht tief genug in unserer Weiblichkeit verwurzelt sind und unser Herz noch nicht ganz befreit ist.

B – Bestätigung

Bestätigung und Anerkennung von außen können die weibliche Unsicherheit für eine Weile in den Hintergrund drängen, um diese nicht spüren zu müssen. Dieser Zustand wird häufig mit echter weiblicher Stärke verwechselt, aber das ist eine Illusion. Weibliche Stärke ist eine innere Qualität, die unabhängig davon ist, ob Du gut bist, ob Deine Qualitäten und Fähigkeiten anerkannt werden oder ob Du den Erwartungen Deiner Mitmenschen entsprichst oder nicht.

C – Christentum

Frauenpower und eine erfüllte weibliche Sexualität sind nicht die Eigenschaften, die von den großen Religionsführern gepredigt und gefördert werden. Sei Dir darüber im klaren, daß Du in einer christlich geprägten Gesellschaft lebst und daß Schuldgefühle eine ihrer wichtigsten Grundlagen bilden. Das ist eine Tatsache, der Du Dich nicht entziehen kannst, die Dein Verhalten als Frau jedoch unbewußt mitbestimmt.

D – Disziplin

Wenn wir versuchen, mit dem Verstand unserem Körper und unseren Gefühlen etwas aufzuzwingen, das sie nicht wirklich überzeugt – seien es spezielle Techniken, Ansichten oder Programme, die dazu dienen sollen, ein bestimmtes Ziel zu erreichen –, dann schwächen wir damit unsere Weiblichkeit. Das Weibliche braucht Gefühle, Freiraum und Lust, um sich zu entfalten.

E – Erklärungen

Versuche nicht, das Leben, Deine Gefühle oder Dein Verhalten zu analysieren und zu erklären. Damit tötest Du Deine Lebendigkeit.

F – Fernsehen

In idealer Befruchtungspose hängen viele Frauen Abend für Abend vor der Glotze: Mit geöffnetem Mund und offener Gebärmutter empfangen sie den Schrott und Müll aus der ganzen Welt. So lassen wir es zu, daß diese Informationen und Qualitäten von den tiefen unbewußten Schichten unseres Wesens aufgesaugt und wir dadurch wie geschwängert werden. Vergiß nicht: Du bist und Du wirst, was Du in Dich läßt.

G – Genußmittel

Genußmittel sind etwas für Möchtegern-Genießerinnen. Die echten Genießerinnen benötigen keine Hilfsmittel, um sich und den Augenblick zu genießen.

Weiblich sein —
nicht weiblich tun!

I – Intellekt

Wenn der Intellekt nicht bewußt mit der Weiblichkeit verbunden und in ihr verankert ist, kann er sie brutal verletzen und zerstören, indem er sie dominiert, übergeht und manipuliert. Das Feuer des Intellekts kann die Weiblichkeit regelrecht verdampfen, bis sie austrocknet und spröde wird.

Dieses Phänomen können wir gut an chronisch überaktiven Frauen beobachten. Viele Politikerinnen und Geschäftsfrauen sehen mit der Zeit aus und verhalten sich wie Männer.

K – Kontrolle

Kontrolle, Manipulation und Machtausübung sind die echten Killer der weiblichen Sexualität.

L – Lügen

Ehrlichkeit, Offenheit und Spontaneität bringen Dich nicht unbedingt mehr in Kontakt mit Deinen Mitmenschen, weil viele Angst haben vor Echtheit und Natürlichkeit. Dafür bringt es Dich näher zu Dir selbst. Und wenn Du Dich nicht hast, wen dann?

M – Männliche Phantasien

… sind keine Orientierungshilfe für echte Weiblichkeit.

N – Negativität

Negativität ist der Gradmesser der weiblichen Verletztheit. Die spitzfindigen Kritikerinnen, haben sie noch so einleuchtende und wohl durchdachte Argumente, entstammen alle derselben Ecke. Negativität, egal in welcher Form sie präsentiert wird, ist immer eine Abwehrreaktion, die auch gegen das Weibliche zielt. Weiblichkeit hat weder etwas mit Recht oder Unrecht zu tun, noch mit richtig oder falsch.

O – Ohnmacht

Ohnmacht, Unsicherheit, Selbstzweifel und Schuldgefühle sind die Feinde der Weiblichkeit. Ständig liegen sie auf der Lauer, in der Hoffnung uns zu überlisten und in den altbekannten Sumpf zurückzuziehen. Sei vor Ihnen auf der Hut!

P – Projektionen

Du bist, was Du ißt, Du bist, was Du denkst, Du bist, was Du fühlst, Du bist, was Dich nervt, Du bist es, die liebt, und nur Du trägst dafür die volle Verantwortung. Deshalb bringt es Dich keinen Schritt weiter, das was Du bist, auf andere zu projizieren und sie dafür verantwortlich zu machen. Die gute Nachricht ist: Du kannst Dich oder Deine Einstellungen ändern. (Die anderen jedoch sind und bleiben immer so, wie sie sind.)

R – Ruhelosigkeit

Ruhe und Stille sind der Balsam und die Wurzeln der Weiblichkeit. Ruhelosigkeit führt in die entgegengesetzte Richtung.

S – Spannungen

Wir Frauen haben einen gesunden Instinkt, deshalb öffnen wir uns nicht wirklich in einer spannungsgeladenen Umgebung voller Streß und Negativität.

S – Schuld

Sich schuldig fühlen oder jemand anderem Schuld zuzuweisen, sind üble Gewohnheiten. Negative Emotionen und Vibrationen sollten aufgelöst werden, statt sich selbst oder andere unnötig damit zu belasten.

T – Tun

Weiblichkeit kann nicht erarbeitet oder »gemacht« werden.

Ü – Übersinnliches

Viele Frauen fühlen sich von Übersinnlichem angezogen und lernen, sich in anderen unsichtbaren Welten zu bewegen. Weiblichkeit ist jedoch nur in der materiellen Welt in diesem Körper lebbar. So können auch Probleme mit der Weiblichkeit nur hier, in Fleisch und Blut und in der Lebendigkeit gelöst werden. Dem Potential der Weiblichkeit jedoch entspricht es, Übersinnliches oder Himmlisches in sich aufzunehmen und ihm eine irdische Geburt zu ermöglichen. Als Frauen haben wir die wunderbare Möglichkeit, den Himmel auf die Erde zu holen und ihn in uns zu tragen.

V – Vaginal

Vaginal, klitoral oder überall – ist doch egal! Laß Dein Erleben nicht von unnötigen Ideen und Etikettierungen einengen. Du bist, was Du bist, und fühlst, was Du fühlst – und das ist ja schon mehr als genug. Du wirst nie ein passendes Wort oder den perfekten Ausdruck finden, um die unendlichen Möglichkeiten, die Du in Dir trägst, zu beschreiben. Wozu auch? Du kannst Dich also ruhig entspannen, mit Deiner Grenzenlosigkeit experimentieren und Deine Einzigartigkeit genießen.

W – Wissen

Sich fremdes Wissen anzulesen und damit vollzustopfen ist das größte Hindernis der weiblichen Weisheit. Denn diese entspringt immer nur der eigenen Erfahrung.

 **– X**

Zu diesem Buchstaben fällt mir nichts Passendes ein, so lasse ich hier Platz, damit Du Deine persönlichen Weiblichkeitskiller auflisten kannst.

1. _____
2. _____
3. _____
4. _____
5. _____
6. _____

𝒴 – Yang

Yang steht für das männliche Prinzip: »außen stark und innen schwach«. Dadurch können Männer ihren verletzlichen inneren Kern schützen, wozu ihnen eine nach außen orientierte, leistungsbetonte Lebensweise dient, sowie ihr Verstand, die Logik sowie ein kontrolliertes und diszipliniertes Verhalten. Wenn Frauen sich diesem Prinzip unterwerfen, hindert es sie daran, in Kontakt mit ihrer inneren Stärke zu kommen. Das weibliche Potential entfaltet sich durch die Entdeckung der inneren Schätze!

Z – Zweisamkeit

Zweisamkeit ist in den meisten Fällen eine beliebte Methode, der gefürchteten Einsamkeit zu entrinnen. Um die wesentlichen Dinge des Lebens zu erforschen, brauchst Du möglichst viel Zeit mit Dir allein. Die Heilung der verletzten Weiblichkeit ist eine der wesentlichen Verantwortungen im Leben einer modernen Frau, die sehr viel Zeit und Aufmerksamkeit benötigt. Und die Heilung Deiner Weiblichkeit liegt ganz allein in Deinen Händen.

Die meditative
Genießerin

Die heile geile Welt

Unsere Welt ist nicht so heil, wie sich das viele Frauen sehnsüchtig wünschen, sondern auch geil. Und von dieser spannungsgeladenen geilen Welt zu erwarten, daß sie Dich heilt oder dabei unterstützt, das zu beschützen, was Dir heilig ist, ist sehr naiv.

Auf dem weiblichen Weg zu sein bedeutet nicht, daß Frauen ihr Leben nicht leben und statt dessen nur noch hingebungsvoll, liebevoll und still dasitzen sowie alles Andersartige aus ihrem Leben verbannen sollen, um so ihre heilige weibliche spannungsfreie Zone zu bewahren. Die weiblichen Qualitäten sind vielmehr das Fundament, aus dem eine Frau ihre Kraft bezieht, damit sie genügend Stärke hat, ihr Leben ihren Überzeugungen entsprechend zu leben und zu gestalten.

Besonders aktive und verantwortungsvolle Frauen, die sich selbst sowie ihre Ziele verwirklichen wollen, brauchen zuverlässige Kraftquellen, um ihre Lebensaufgabe zu erfüllen, ohne ihre weibliche Lebensqualität dabei einzubüßen.

Selbst ist die Frau! Und vergiß nicht: Du hast in der heutigen Zeit die Gelegenheit, Dein Leben so zu gestalten, wie es Dir entspricht. Nur Du bist dafür zuständig, daß Deine Liebes- und Genußfähigkeit sich in Deinem Alltag entfalten können. Jede Sekunde hast Du die Wahl, ob Du Dich von der Hektik und Negativität um Dich herum anstecken läßt oder ob Du die geile Welt mit den heiligen und heilenden Qualitäten, die Dir persönlich wichtig sind, bereichern willst.

Das weibliche Potential

Eigenschaften wie Offenheit, Empfänglichkeit sowie die Fähigkeit, etwas in sich aufzunehmen und zu etwas Neuem heranwachsen zu lassen, entsprechen dem weiblichen Prinzip. Diese Fähigkeit beschränkt sich nicht nur auf die biologische Fortpflanzung, sondern gilt auch auf vielen anderen Ebenen. Entscheide Dich, ob Du weiterhin Zeit und Energie in Deine Luftschlösser und Traumphantasien investieren willst oder ob Du bereit bist, Deine Ideen in Dir reifen zu lassen, bis sie auf ganz natürliche Weise geboren werden.

Es ist an der Zeit, daß Frauen lernen, eigene Ideen und Überzeugungen umzusetzen. Solange diese nur im Kopf existieren und zwischen leblosen positiven und kritischen Argumenten sowie sogenannten vernünftigen Gedanken hin und her geschoben werden, gewinnen sie weder Kraft noch Lebendigkeit. Solange sich eine Idee im Kopf, in der Welt der Träume und Gedanken befindet, gibt es immer tausend Argumente, die dagegen sprechen, etwas zu tun. Sie wird dann nur von den Gedanken hin und her gewirbelt, verwirrt und dadurch geschwächt.

Viele Frauen wissen deshalb nicht, was sie wollen, weil sie sich nie wirklich Zeit und Raum nehmen, um innerlich etwas wachsen und Neues entstehen zu lassen. Wenn Ideen nach außen getragen werden, bevor sie sich voll entwickelt und mit Kraft und Leben gefüllt haben, sind sie nicht voll lebensfähig und damit zum Scheitern verurteilt. Aus diesem Grund bleiben so viele Frauen in der langweiligen Mittelmäßigkeit stecken. Sie haben tausend Ideen, fangen vieles an, aber führen wenig zu Ende. Das weibliche Potential wird selten wirksam dazu eingesetzt, Ideen umzusetzen.

Der weibliche Weg, Projekte zu realisieren, funktioniert nämlich andersherum. Hier ist es notwendig, mit einer Idee richtig schwanger zu gehen. Ideen brauchen viel Zeit und Raum, um zu reifen. Bringe Deine Ideen in Dein tiefstes Inneres, und laß sie dort ungestört in der Stille ruhen. So können sie wachsen und gedeihen, bis sie voll lebensfähig sind und ganz natürlich und selbstverständlich nach außen fließen, um sich dort zu manifestieren.

Je ungestörter Du Deine Ideen heranreifen läßt, desto besser können sie wachsen und gedeihen. Ständig darüber zu diskutieren oder sie in allen Details zu studieren hemmt nur ihre Entwicklung.

Die weiblichen Juwele, die Du bereits kennengelernt hast, werden Dich dabei unterstützen, die positiven Qualitäten in Deinem Innern zu vermehren, damit Deine Ideen sich auf dem besten Nährboden einnisten können, um optimal zu gedeihen.

Durch gemeinsames Schweigen wird es Frauen möglich, die verlorene Stärke und Verbundenheit wiederzufinden.

Meditation – das weibliche Elixier

Viele Menschen langweilen sich mit sich selbst. Sie müssen deshalb immer etwas tun und sich auf eine ganz spezielle Art beschäftigen und unterhalten; sie brauchen ständig Gesellschaft und soziale Kontakte.

Meditation hingegen ist der Weg, die inneren Schätze zu entdecken und schätzen zu lernen.

- 💙 Der Weg der Meditation entspricht dem weiblichen Weg.
- 💙 Meditation ist weder eine Aktivität noch eine Technik.
- 💙 Ebensowenig bedeutet Meditation Entrückung oder einen Zustand des Abgehobenseins.
- 💙 Meditation kann nicht gemacht, sondern nur zugelassen werden.
- 💙 Meditation ist ein tiefer Seinszustand, eine bewußte Verbundenheit mit dem größeren Ganzen.
- 💙 Meditation entsteht aus der Bereitschaft, der Wirklichkeit zu begegnen.
- 💙 Meditation bringt Heilung.
- 💙 Meditation geschieht aus dem Nichts und wird genährt durch Leere und Stille.
- 💙 Meditation entspricht dem weiblichen Potential.

Die Kraft der Hingabe, das weibliche Gebet und der Zugang zur tiefen Stille des Augenblicks, die Du nun kennenlernen wirst, sind die kostbaren Juwele für die meditative Genießerin.

Die Kraft der Hingabe

Es macht einen riesengroßen Unterschied, ob sich eine Frau aus Angst anpaßt und unterwirft, oder ob sie sich aus innerer Stärke heraus dem Fluß und den Gegebenheiten des Lebens öffnet und hingibt.

Das weibliche Potential entfaltet sich durch das Yin. Wenn frau sich den tiefsten Abgründen ihres Wesens hingeben kann und gleich dem Wasser in der Lage ist, im tiefsten Punkt zu ruhen, weil die unbekannte Tiefe ihr Zuhause ist, dann entfaltet sich echte weibliche Stärke. Ist eine Frau in Kontakt mit dieser Stärke, dann kann sie nach außen hin offen und empfänglich und gleichzeitig sie selbst sein – ohne Angst.

Viele Frauen unterwerfen ihr Leben aus einer inneren Schwäche heraus dem männlichen Yang-Prinzip. Nach außen hin spielen sie die Starke, um das innere Schwache und Verletzliche zu schützen. Sie verwenden ihre ganze Kraft darauf, um von sich selbst und ihrer Unsicherheit abzulenken. Aus innerer Schwäche heraus verschließen sie ihr Herz und isolieren sich so in der Welt des Verstandes. Es ist ein Teufelskreis, in dem sich viele Frauen befinden. Er verhindert, daß sie jemals in Kontakt mit ihrer weiblichen Kraft kommen, und so bleiben ihnen die schönsten Qualitäten der Weiblichkeit vorenthalten.

Weibliches Gebet

Beten ist der heilige Balsam der Genießerin. Mit Beten ist jedoch hier nicht gemeint, den persönlichen Wunschzettel ins Universum zu flehen oder eine Pflicht- oder Alibiübung, um Schuldgefühle loszuwerden, in der Hoffnung, ein besserer Menschen zu werden. Beten ist die Kunst, Dich dem Göttlichen, dem Leben oder wie immer Du es nennen magst, zu öffnen, um das Heilige in Dir aufzunehmen.

1. Phase

- Nimm die erste Position ein, wie Du auf Seite 72 sehen kannst.

- Laß es zu, daß Dein Körper und Dein Herz »flüssig« und weich werden. Atme dabei langsam und tief durch den leicht geöffneten Mund, und öffne Dich, damit Du das Göttliche in Dir empfangen und aufnehmen kannst.

- Atme in dieser Position weiter, bis jede Zelle in Dir verzaubert und Dein Körper so lebendig wird, daß es kribbelt. Es kann sogar sein, daß Dein Körper zu vibrieren beginnt – laß es einfach geschehen.

- Atme immer weiter, bis Dein Körper ganz voll ist von der göttlichen heiligen Vibration.

Das Göttliche empfangen

2. Phase

▌ Bring nun Deine Stirn und Deine Handflächen zu Boden, und übergib Dich dem großen Ganzen, der Existenz, der großen Mutter oder wie immer Du es nennen willst. Atme tief weiter, und bleib in innigem Kontakt mit Dir und der Erde, solange Du möchtest.

▌ Du kannst die beiden Phasen beliebig oft wiederholen. Beschließe das Gebet jedoch immer mit der 2. Phase!

Dich der Erde hingeben

Stille

Die Stille ist das Barometer der Weiblichkeit. Wie das Wasser, so hat auch das Weibliche die Eigenheit, andere Elemente und Qualitäten in sich aufzunehmen und zu speichern, ob frau sich dessen bewußt ist oder nicht. So ist der weibliche Kern der meisten Frauen wie trübes, abgestandenes Wasser – unklar und ungenießbar. Um diesen inneren Sumpf nicht fühlen zu müssen, tendieren Frauen dazu, ihn mit Aktivitäten, Oberflächlichkeit und der Kraft des Verstandes zu übertünchen. Da es nicht nur einzelne Frauen sind, die versuchen, ihrer inneren Sumpflandschaft zu entrinnen, sondern sich mehr oder weniger alle im selben Boot befinden, unterstützen sich Frauen noch gegenseitig darin, gemeinsam an der Oberfläche zu bleiben. Überwiegend geschieht das durch Reden – immer wieder um den Brei herum reden, Gefühle besprechen, statt sie zu leben, Telefonieren statt Fühlen, Ratschläge erteilen usw. – Du kennst das ja selbst.

Den weiblichen Weg zu gehen bedeutet, gegen den Strom zu schwimmen. Und diesen neuen Weg zu gehen erfordert sehr viel Aufmerksamkeit. Schweigen ist die beste Medizin, um einen tiefen und innigen Kontakt mit Dir selbst herzustellen. Nur in der Stille wird es möglich, ein echtes Gefühl für Dich und Deine Weiblichkeit zu entwickeln, das trübe und aufgerührte Wasser von Emotionen und Gedanken zu reinigen und es zur Ruhe kommen zu lassen. Denn erst wenn das Wasser klar und still ist, kann es Dir die Wirklichkeit spiegeln.

Meditation

Setze Dich ruhig entspannt hin, und ruhe genüßlich in Deiner Mitte. Sei offen und empfänglich, atme dabei langsam und tief, und laß Deine Gedanken und Gefühle vorüberziehen wie Wolken vor blauem Himmel. Tauche immer tiefer ein in die unergründliche Welt des Weiblichen, und gib Dich Deinem Inneren hin, um so die Schätze Deines Lebens zu erfahren.

Lerne, immer mehr zu schweigen,
lerne, immer stiller zu werden.
Genieße Schweigen und Stille.
Das sind die grundlegenden
Vorbereitungen für den höchsten
Gast. Wenn Du in tiefster Stille
bist, bist Du fähig, die
Göttlichkeit in Dir aufzunehmen.

OM

Weitere Bücher der Autorin

Das Tao der Frau, Energiearbeit, Selbstheilung , Sexualität
(Ariston Verlag und Heyne Verlag)
Das Tao der weiblichen Sexualität, O.W. Barth Verlag

Infos zu Seminaren und Bezugsquelle

Auch für Deutschland und Österreich

Weibliche Juwele
Postfach 255
CH- 8024 Zürich
Fax: 0041 1 262 22 80
E-mail: MaitreyiPiontek@compuserve.com
www.tao-of-sexuality.com